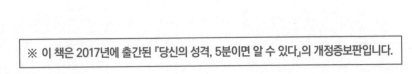

# 날 좀
# 이해해줘

김종구 저

도서출판 일터개발원

식물을 잘 키우는 사람은
모든 식물을
같은 방식으로 대하지 않는다.

어떤 식물은 물을 좋아하고,
어떤 식물을 물을 좋아하지 않으며,
어떤 식물은 햇볕을 좋아하고,
어떤 식물은 햇볕을 좋아하지 않는다.

이를 알고 각자 다르게 다루어
성장시키고 결실을 맺는다.

사람도 마찬가지다.
기질을 알면 해답이 보인다.

사람은 자신이 가지고 있는 유전자에 따라 독특한 기질을 가지고 있습니다. 그러므로 자신의 기질을 잘 이해할 뿐만 아니라 '나'와 다른 사람의 기질을 이해할 때에 원만한 대인관계를 가질 수 있고 효과적인 지도력도 발휘할 수 있습니다. 이를 위한 책이나 기질검사 자료들이 여럿 있지만, 우리나라 사람이 이해하고 적용하기 쉬운 『날 좀 이해해줘』 개정증보판이 출간된 것을 대단히 기쁘게 생각합니다. 이 책은 사람들의 다양성을 이해하고 다른 사람과 효과적인 의사소통을 이루고 협조하는 방법을 안내하는 유용한 책입니다.

_이랜드 복지재단 이사장 이경준

김종구 소장이 오랜 세월 공들여 개발한 『사군자 기질검사』는 최신의 통계학적 이론에 기초하여 만들어진 도구이자 수많은 사례를 이용하여 철저한 검증을 마친 과학적인 도구이고 우리나라 사람들이 직관적으로 쉽게 이해할 수 있도록 기질을 분류하여 기존 외국의 도구와 차별화했습니다. 아무쪼록 이 책이 자신과 다른 사람들에 대한 이해와 공감의 폭을 넓히려는 독자들에게 유용한 벗이 되기를 바라며 흔쾌한 마음으로 추천해 드립니다.

_수원대학교 부총장, 통계학 박사 박진우

오랜 세월 최고의 MBTI 강사로 활약하시던 김종구 소장은 서양인의 눈으로 사람의 성격을 이해하는 한계를 극복하고자 우리의 심성을 더 정확히 파악해 주는 방식을 개발하게 되었고 이렇게 탄생한 『날 좀 이해해줘』 개정증보판이 드디어 책으로 나왔습니다. 자기를 이해해야 사람간의 관계도 이해하게 되고, 이 관계 속에서 우리가 어떻게 살아가야 하는가를 깨닫게 됩니다. 이 책은 그런 자기 이해의 쉽고도 정확한 도구를 제공하고, 그 이해를 통해 나와 내 관계들을 성찰하는 유용한 거울 역할을 할 것입니다. 여러분께 기쁜 마음으로 이 책을 권해드립니다.

_한국 IVF 대표 김종호

MBTI, 에니어그램 검사들은 복잡하고 까다로워 당장 적용하기 쉽지 않은데, 『날 좀 이해해줘』 개정증보판은 우리 삶 속의 친숙한 상황의 경험 자료들을 다양하게 제시하고 있어 누구나 쉽게 공감할 수 있는 책입니다. 본문에서 제시한 갈등 해결 방법은 직장인들에게 사람 간의 갈등의 원인을 이해하고 해결하는 데에 유용한 정보를 제공하므로 일터에서 필연적으로 경험하는 갈등 관계 때문에 고민하는 사람들에게 일독을 권합니다.

_직장사역연구소장 원용일

머리말

# 사람의 차이를 쉽게 이해할 수 있는
# 한국형 기질검사

우리는 살면서 성격 차이로 인한 다양한 갈등을 경험한다. 또, 우리는 사랑해서 결혼을 하지만, 현실은 전쟁이다. 직장인들은 상사, 동료, 고객과의 갈등에서 힘들어한다. 일이 힘들어 회사를 그만두는 것이 아니라 사람이 힘들어 그만둔다. 자녀와의 갈등은 사춘기가 되는 시기에 극에 달한다. 부모의 목소리는 점점 높아지고 자녀는 반항한다. 누구나 아름다운 관계를 바라고 평화를 원하지만, 현실에서는 많은 시행착오를 거치며 혹독한 대가를 치른다. 많은 사람이 자신과 성격이 다른 사람을 어떻게 대해야 하는지 몰라 어려워한다.

## 그러나 기질을 알면 그 해답이 보인다

식물을 잘 키우는 사람은 모든 식물을 같은 방식으로 대하지 않는다. 어떤 식물은 물을 좋아하고, 어떤 식물은 물을 좋아하지 않는다는 것을 구분하고, 어떤 식물은 햇볕을 좋아하고 어떤 식물은 햇볕을 좋아하지 않는다는 것을 알고 다르게 대한다. 식물도 기질에 따라 차이가 있고 그 특성에 맞게 키워야 건강한 식물이 된다는 것을 알고 있기 때문이다. 사람의 기질도 마찬가지다. 기질을 모르면 갈등의 씨앗이 되지만, 이해하면 축복의 통로가 된다.

기질은 태어나면서부터 타고나는 것으로 인간의 욕구를 반영한다. 상대방의 기질을 알면 상대방이 원하는 것이 무엇인지, 어떻게 해야 만족을 줄 수 있는지에 대한 중요한 단서를 얻을 수 있다. 기질을 알고 그 사람에게 맞는 방식으로 대한다면 관계는 한결 좋아진다.

사람의 기질에 대한 연구는 서양에서 먼저 진행되었다. 그래서 현존하는 기질검사 도구들은 대부분 서양에서 들어온 것이다. 그러나 서양에서 만든 검사 도구들은 그들의 문화와 역사적 배경을 가지고 있어 우리가 쓰기에는 2% 부족한 부분이 있다. 마치 한자나 영어가 한글을 배우는 것보다 어려운 것과 같다.

## 본 책에서 소개하는 사군자 기질검사는 한국적 문화를 바탕으로 만들어진 한국형 검사이다

그래서 한국 사람들이 익히 알고 있는 사군자를 이용해 기질을 쉽게 이해할 수 있도록 만들었다. 사군자의 시각적 이미지와 특성이 기질과 바로 접목되기에 기억하기도 쉽다.

사군자는 매화·난초·국화·대나무로 분류하는데 이렇게 네 가지로 나와 다른 기질을 가진 사람을 분류하는 방식은 인류가 오래전부터 사용해 온 것이다. 봄·여름·가을·겨울의 사계절, 동서남북의 방향, A·B·AB·O의 혈액형 등에서 그 예를 찾아볼 수 있다.

이 책은 인간관계에서 갈등으로 어려움을 겪고 있는 사람들을 위한 것이다. 심각한 갈등 상황에서 어려운 이론을 붙들고 있을 수 없다. 그래서 실전에 바로 적용할 수 있는 쉽고 간편한 실용성 있는 도구가 필요하다. 이 사군자 기질검사는 한국 사람에게 최적화된 인간 이해의 도구이다.

사군자 기질검사는 표준화 검사로, 경험자료 수집 및 예비문항 선정, 1차·2차 예비검사, 본 검사 및 공인타당도 검증 단계를 거쳐 개발되었다. 예비문항

개발을 위해 2008년부터 약 4년간 기질검사, MBTI 프로그램 진행을 통해 17,914명에게서 수집한 자료를 활용했다. 이후 1차 예비검사 227명, 2차 예비검사 1,066명, 본 검사 575명, MBTI와의 공인타당도 300명, TCI와의 공인타당도 275명 등 총 2,443명 대상으로 타당도 검증을 했다.

사군자 기질검사는 5분이면 할 수 있는 간단한 검사이지만, 기질에 대해 강력한 정보를 제공해 준다. 그러므로 여러분이 자신과 다른 사람의 기질을 이해하고 갈등을 해결하는 데 유용하게 사용할 수 있는 도구가 될 것이다.

이 책에 소개된 각 기질에 대한 해석은 기업체, 공공기관, 대학에서 실시한 사군자 기질검사 프로그램에 참여한 9,792명의 인생 이야기에서 나온 내용을 포함하고 있다. 이 책에서 제공하는 다양한 정보들이 성격 차이 때문에 갈등하고 있는 사람들에게 시원한 해결책이 되길 기대한다.

2022년 12월

김종구

# 목차

머리말  9


1 / 한국인을 위한 기질검사

한국인을 위한 기질검사  17

검사 방법  19


2 / 기질을 알면 성격이 보인다

외향매화 기질  27

내향매화 기질  37

외향난초 기질  46

내향난초 기질  55

외향국화 기질  64

내향국화 기질  74

외향대나무 기질  84

내향대나무 기질  94

# 3 / 건강한 사람인가? 문제 인간인가?

과유불급의 문제를 해결하라  107

매화 군자가 되려면  109

난초 군자가 되려면  112

국화 군자가 되려면  115

대나무 군자가 되려면  119


# 4 / 다른 기질과의 갈등 해결하기

다른 기질과의 갈등 해결하기  127

매화 기질이 갈등을 해결하는 법  129

난초 기질이 갈등을 해결하는 법  134

국화 기질이 갈등을 해결하는 법  139

대나무 기질이 갈등을 해결하는 법  144


# 5 / 왜 사군자 기질검사인가?

쉽게 이해하고 오래 기억하는 검사  153

믿을 수 있는 검사인가?  155

한국인의 기질분포  158


맺음말  161

# 한국인을 위한
# 기질 검사

세상에는 다양한 성격검사가 있다. 어떤 검사는 내면의 심리적 특성을 측정하고, 어떤 검사는 행동특성을 측정하며, 또 어떤 검사는 정신 병리를 측정한다. 좋은 검사 도구가 되기 위해서는 타당도와 신뢰도가 갖추어야 한다. 그리고 사용자는 쉽게 활용할 수 있어야 하고, 피검자는 결과 해석을 쉽게 이해할 수 있어야 한다. 이것과 더불어 검사 시간과 지불하는 비용에 비해 제공되는 정보가 유용해야 한다. 성격검사를 30분 또는 60분 동안 검사했는데, 해석이 미미하다면 좋은 검사라고 할 수 없다. 그러나 사군자 기질검사는 5분이라는 짧은 시간에 할 수 있지만, 풍부한 정보를 제공한다. 그리고 해석자는 다른 어느 검사보다 빠른 시간에 개념을 습득할 수 있고 피검자는 이해하기 쉬운 해석을 제공받을 수 있다.

# 한국인을 위한 기질검사

우리 주위에는 성격 차이로 인한 갈등을 경험한 사람이 많이 있을 것이다. 사람 중에는 나와 똑같은 사람이 없기 때문에 어떤 사람은 너무 소심하고, 어떤 사람은 너무 잔소리가 많거나 나대며 또 어떤 사람은 이것저것 너무 따지고, 어떤 사람은 너무 자유분방하다. 그런데 사람의 성격이 어떻게 구분이 되는지 속 시원하게 알고 싶어도 알려 주는 사람이 없다. 성격 관련 책을 읽어봐도 너무 어렵다. 그래서 필자는 2,500회의 성격 분석 강의를 하는 동안 어떻게 하면 우리나라 사람들이 자기 성격을 쉽게 알 수 있도록 도와줄 수 있을까를 고민했다. 그 결과, 찾은 해답이 사군자 기질검사이다.

머리말에서 소개한 것과 같이 2008년부터 2012년 사이에 실시한 외향-내향 관련 350회, 기질 관련 230회 강의에 참여한 총 17,914명에게서 나온 데이터를 가지고 검사 문항을 만들었다. 그리고 2,428명을 대상으로 한 4차에 걸친 타당도 검증을 거쳐 5분이면 할 수 있는 문항을 만들었다.

사군자 기질검사는 심리검사 제작 원리를 따라 개발된 것으로 간단하지만 강력한 검사이다. 검사 개발에 대한 자세한 내용은 6장에서 다룬다.

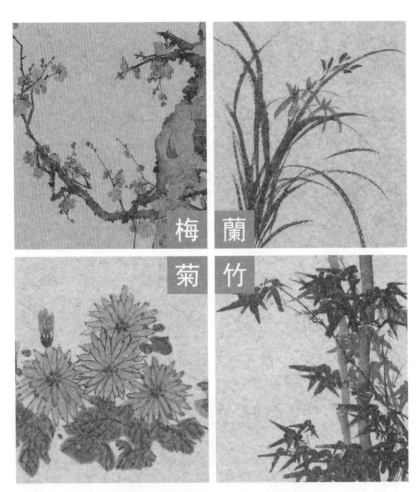

동양의 사군자 : 매화, 난초, 국화, 대나무

# 검사방법

　기질은 선천적으로 타고나는 것으로, 어떤 행동의 일관성을 가지게 하는 인간의 본성이다.

　기질은 옳고 그른 것이 없다. 어떤 기질이 다른 기질보다 더 좋거나 나쁜 것이 아니다. '사군자 기질검사'라는 이름에서 알 수 있듯이 매화도 군자이고, 난초도 군자이고, 국화도 군자이고, 대나무도 군자이다. 모두가 군자이지만, 기질은 다르다. 자신이 어떤 성격의 사람인지 알고 싶다면 자신을 가장 잘 표현하고 자신에게 가장 가깝다고 생각되는 것을 선택해야 한다. 자신이 되고 싶거나 바라는 것을 선택하면 진짜 자기 기질을 알 수 없게 된다.

　1부 검사와 2부 검사의 방법이 다르다. 그러므로 안내 사항을 잘 읽고 검사하기 바란다. 이때, 너무 오래 생각하지 말고 자신에게 조금 더 가까운 것을 선택하면 된다. 자기 모습이 아닌, 되고 싶은 것을 선택하지 않도록 주의하기 바란다. 채점 안내는 1부와 2부 검사를 모두 끝낸 다음에 보도록 한다.

※ 본 책에 나오는 사군자 기질검사는 저작권법에 의하여
　　보호를 받는 저작물이므로 무단전재와 무단복제를 금지합니다.

## 1부 검사 : 나를 잘 표현하고 나에게 가까운 곳에 O표 하세요.

| | | |
|---|---|---|
| 1번 | 빨리 어울리는 | 천천히 어울리는 |
| 2번 | 생기 있는 | 차분한 |
| 3번 | 말로 표현하는 | 말이 적은 |
| 4번 | 다가가는 | 기다리는 |
| 5번 | 함께하는 | 혼자 집중하는 |
| 6번 | 외출하는 | 휴식하는 |
| 7번 | 크게 웃는 | 미소 짓는 |
| 8번 | 활발한 | 조용한 |
| 9번 | 쉽게 알려지는 | 천천히 알려지는 |
| 10번 | 참여하는 | 반추하는 |
| 11번 | 활동적인 | 신중한 |
| 12번 | 사교적인 | 개인적인 |
| 13번 | 재빠른 | 진중한 |
| 14번 | 생동감 있는 | 안정감 있는 |
| 15번 | 다양한 관심 | 집중하는 |
| 16번 | 모험적인 | 조심성 있는 |
| 합계 | 외향<br>점수 | 내향<br>점수 |

**2부 검사** : 자신을 가장 잘 표현하고 자신에게 가장 가까운 곳에 O 표, 두 번째 가까운 곳에 △로 표시하세요. (O=2점, △=1점)

| | | | | |
|---|---|---|---|---|
| 17번 | 논리적인 | 성실한 | 여유로운 | 배려하는 |
| 18번 | 전문적인 | 순서를 따르는 | 그때그때 | 마음을 읽는 |
| 19번 | 개혁적인 | 질서를 지키는 | 유연한 | 칭찬하는 |
| 20번 | 전략적인 | 모범적인 | 편의적인 | 가엾게 여기는 |
| 21번 | 위로하는 | 통찰하는 | 준비하는 | 간편한 |
| 22번 | 지지해 주는 | 토론하는 | 자세가 바른 | 재미있는 |
| 23번 | 자비로운 | 예측하는 | 마무리하는 | 걱정이 적은 |
| 24번 | 격려하는 | 합리적인 | 부지런한 | 단순한 |
| 25번 | 임기응변적인 | 감성적인 | 비평적인 | 꼼꼼한 |
| 26번 | 농담을 잘하는 | 낭만적인 | 논쟁적인 | 권위를 존중하는 |
| 27번 | 태평스러운 | 온화한 | 비유적인 | 근면한 |
| 28번 | 느긋한 | 사려 깊은 | 기획하는 | 규범적인 |
| 29번 | 세밀한 | 개방적인 | 온정적인 | 분석적인 |
| 30번 | 단정한 | 편리한 | 친밀한 | 독창적인 |
| 31번 | 한결같은 | 쉽게 생각하는 | 관계를 중시하는 | 자신감 있는 |
| 32번 | 확실한 | 충동적인 | 양보하는 | 지적인 |
| 합계 | 매화<br>점수 | 난초<br>점수 | 국화<br>점수 | 대나무<br>점 수 |

▓ 분홍색 전부 합산    ▒ 초록색 전부 합산    노란색 전부 합산    □ 흰색 전부 합산

1부 채점 : 줄 따라 개수를 아래 외향, 내향 점수란에 기록한다.

2부 채점 : 제일 위의 칸부터 O는 2점, △는 1점을 색깔별로 모두
합산하여 아래의 같은 색의 점수 란에 기록한다.

▨ 분홍색은 모두 합산하여 매화 점수에 기록하고

▨ 초록색은 모두 합산하여 난초 점수에 기록하고

노란색은 모두 합산하여 국화 점수에 기록하고

☐ 흰색은 모두 합산하여 대나무 점수에 기록한다.

1부에서 높은 점수로 나온 것과 2부에서 가장 높은 점수가 나온 것을 만나는 곳이 자신의 기질이다. 예를 들면 1부에서 외향 점수가 높고, 2부에서 난초 점수가 제일 높으면 외향과 난초가 만난 외향난초 기질이 된다.

| 외향<br>점수 14 점 | 내향<br>점수 2 점 | 매화<br>점수 5 점 | 난초<br>점수 28점 | 국화<br>점수 9 점 | 대나무<br>점수 5 점 |
|---|---|---|---|---|---|
| | | 내향매화 | 내향난초 | 내향국화 | 내향대나무 |
| | | 외향매화 ▶ | 외향난초 | 외향국화 | 외향대나무 |

이름, 대표기질, 각각의 점수를 옮겨 적고 그래프를 그린다.

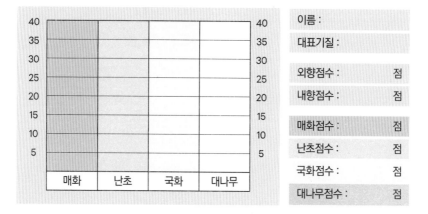

| 이름 : |  |
|---|---|
| 대표기질 : |  |
| 외향점수 : | 점 |
| 내향점수 : | 점 |
| 매화점수 : | 점 |
| 난초점수 : | 점 |
| 국화점수 : | 점 |
| 대나무점수 : | 점 |

자, 이제 2장에서 자신의 대표기질을 찾아 읽어보라.

기질을 모르면 갈등의 씨앗이 되지만,
이해하면 축복의 통로가 된다.

# 기질을 알면
# 성격이 보인다

필자는 지금까지 개인 또는 단체를 대상으로 1만여 명의 사람들에게 사군자 기질검사를 실시하고 해석을 해주었다. 검사와 채점이 완료되면 먼저 자신의 기질을 읽어보게 하는데, 기질검사 결과를 보는 사람마다 점을 보는 것보다 이 기질검사 결과가 훨씬 정확하다고 신기해한다. 사실 점을 보는 것에 비교하는 것은 적절치 않지만, 자신을 잘 설명해 준다는 의미로 하는 말이다. 사군자 기질검사는 충분한 데이터를 수집해 과학적 통계 기법을 활용해 표준화하였고, 많은 사람을 대상으로 한 구체적인 사례들을 활용해 해석을 만들었다. 그래서 '5분'이라는 짧은 시간에 할 수 있는 간단한 검사이지만, 그 결과는 풍부한 해석을 제공한다.

외향 매화

관리하는, 책임지는, 추진하는, 생산하는, 지도하는

- 결단력이 있으며, 한 번 결정한 것은 빨리 추진한다.
- 계획 관리를 위해 다이어리를 잘 활용한다.
- 공동체 의식이 강하다.
- 과거의 경험과 정보를 잘 적용한다.
- 구체적인 정보를 잘 수집한다.
- 규칙을 준수하고 틀에서 벗어나는 것을 참지 못한다.
- 노력 없는 요행을 바라지 않는다.
- 다른 사람에게 본을 보인다.
- 마감 시간 안에 일을 완수한다.
- 미리 세운 계획에 따라 일을 추진한다.
- 바른 말을 잘한다.
- 부지런하고 성실하다.
- 빚지고는 못 산다.

- 솔선수범한다.

- 솔직담백하다.

- 신속·정확하게 일한다.

- 육하원칙에 따라 분명하게 전달하고 확인한다.

- 일 처리 속도가 빠르고 완결성이 높다.

- 입 밖으로 낸 말은 반드시 책임진다.

- 조언을 잘한다.

- 조직의 성과를 위해 외부환경을 관리한다.

- 주변 일에 적극적으로 관여하여 해결한다.

- 주변 정리가 잘 되어 있고 깨끗하다.

- 판단력이 뛰어나다.

- 평소 모범적인 생활로 주위 사람들에게 칭찬을 듣는다.

- 현실 상황 파악을 잘한다.

## 외향매화 기질의 스트레스

스트레스가 되는 것

• 계획대로 일이 추진되지 않고 갑자기 없던 일이 발생할 때

• 과업과 시간에 대한 통제가 되지 않을 때

• 구성원이 자기 역할을 안 하거나 못할 때

• 비조직적인 환경에서 일을 해야 할 때

• 일 열심히 하고 있는데 불분명한 뒷말할 때

• 절차가 자주 변경되거나 명확하지 않은 기준으로 일을 할 때

• 정리정돈이 안되어 있을 때

**스트레스에 사로잡혔을 때의 반응**

• 거만하고, 요구하는 태도를 보임

• 딱딱해짐

• 모 아니면 도로 타협하지 않으려 함

• 목소리가 크고 주장적인 태도를 보임

• 상대방의 말을 무시하고 자기 말만 함

• 여유가 없어짐

• 자신이 옳다는 것을 주장함

• 화를 자주 냄


**스트레스에서 벗어나기 위한 방법**

• 다른 관점을 얻기 위해 편견 없는 입장에서 대화하라.

• 신뢰할 수 있고 조용히 정서적으로 지지해 줄 수 있는 사람과 대화하라.

• 신체적 활동을 하라.

• 일상적인 일을 변경하거나 즐겁고 재미있는 일을 위해 뭔가 새로운 것을 시작하라.

• 자신의 한계를 인정하고 문제에 직면하라.

- 적절하게 자신을 돌보고, 영양가 있는 음식을 섭취하고, 휴식을 취하라.
- 통제를 회복하기 위해 혼자 시간을 보내거나 자신의 깊은 정서를 체험하라.

## 외향매화 기질이 선호하는 격언/속담

- 공짜는 없다.
- 구슬이 서 말이라도 꿰어야 보배다.
- 누구보다 빠르게, 남들과는 다르게.
- 누군가 할 일이면 내가 하고, 어차피 할 일이면 더 잘하자.
- 뭉치면 살고 흩어지면 죽는다.
- 복장 단정.
- 뿌린 대로 거둔다.
- 사필귀정.
- 새벽을 깨우는 자가 성공한다.
- 안 되면 되게 하라.
- 열 번 찍어 안 넘어가는 나무 없다.
- 오늘 할 일을 내일로 미루지 마라.
- 인내는 쓰고 열매는 달다.
- 일찍 일어나는 새가 벌레를 잡아먹는다.
- 일하지 않는 자 먹지도 마라.
- 잠을 자는 자 꿈을 꾸고, 잠을 잊는 자 꿈을 이룬다.
- 젊어서 고생은 사서도 한다.
- 천하의 일은 부지런하면 잘 다스려진다.
- 하면 된다.
- 회사에 뼈를 묻는다.

## 외향매화 기질의 노래

- **새마을 운동 노래** : 새벽종이 울렸네 새 아침이 밝았네 너도나도 일어나 새 마을을 가꾸세 살기 좋은 내 마을 우리 힘으로 만드세

- **잘살아 보세** : 잘살아 보세 잘살아 보세 우리도 한번 잘살아 보세

- **둥근 해가 떴습니다** : 둥근 해가 떴습니다 자리에서 일어나서 제일 먼저 이를 닦자 윗니 아랫니 닦자 세수할 때는 깨끗이 이쪽저쪽 목 닦고 머리 빗고 옷을 입고 거울을 봅니다

- **새 나라의 어린이** : 새 나라의 어린이는 일찍 일어납니다 잠꾸러기 없는 나라 우리나라 좋은 나라

- **아빠 힘내세요** : 아빠 힘내세요 우리가 있 잖아요 아빠 힘내세요 우리가 있어요

- **일어나** : 일어나 일어나 다시 한번 해보는 거야 일어나 일어나 봄의 새싹들처럼

- **들장미 소녀 캔디** : 외로워도 슬퍼도 나 는 안 울어 참고 또 참지 울긴 왜 울어 웃으면서 달려보자 푸른 들을 푸른 하 늘 바라보며 노래하자

- **달려라 하니** : 달려라 달려라 달려라 하 니 이 세상 끝까지 달려라 하니 난 있잖 아 슬픈 모습 보이는 게 제일 싫어 약해 지니까 외로워 눈물 나면 달릴 거야 바 람처럼

- **무조건** : 내가 필요할 때 나를 불러줘 언제든지 달려갈게 낮에도 좋아 밤에 도 좋아 언제든지 달려갈게

- **젊은 그대** : 거칠은 벌판으로 달려가자 젊음의 태양을 마시자 보석보다 찬란 한 무지개가 살고 있는 저 언덕 너머 내일의 희망이 우리를 부른다 젊은 그 대 잠 깨어오라 젊은 그대 잠 깨어오라

- 객관적이고 공정한 의사결정이 필요한 일
- 관념적이고 이론적인 영역보다 다른 사람들에게 실질적으로 이득을 줄 수 있는 일
- 눈으로 결과물을 확인할 수 있는 일
- 독창성을 발휘하기보다는 경험 중심으로 할 수 있는 일
- 분명한 절차와 단계가 있는 일
- 빠른 판단력과 성과를 창출해야 하는 일
- 사람들을 적재적소에 배치하고 생산적인 활동을 하도록 관리하는 일
- 시한(時限)이 명확하게 정해져 있는 일
- 자신에게 책임이 위임된 일
- 주도적으로 권한을 행사할 수 있는 일
- 체계적으로 사람들을 관리하는 일
- 혼자 일하기보다 많은 사람과 함께 할 수 있는 일
- 혼자 일하기보다 많은 사람들과 함께 할 수 있는 일

건강한 나무를 위해
자르자!

싹둑    싹둑

싹둑

## 외향매화 기질이 선호하는 직업

건축시공기술자, 검사, 경리사무원, 경영컨설턴트, 경제학연구원, 경호원, 교도관, 금융관리자, 기계공학기술자, 기록물관리사, 기업고위임원(CEO), 법학연구원, 보험관리자, 부동산컨설턴트, 선장 및 항해사, 스포츠강사, 신용분석가, 실업교사, 약사, 여행사무원, 영양사, 영업 및 판매관리자, 위생사, 유치원원장 및 원감, 육군장교, 의약품영업원, 인문계열교수, 자동차영업원, 재무관리자, 전기안전기술자, 제품생산관련관리자, 중고등학교 교장 및 교감, 총무 및 인사관리자, 치과의사, 컴퓨터하드웨어기술자, 토목감리기술자, 판사, 행정공무원, 회계사, 컴퓨터보안전문가

## 외향매화 기질의 리더십 스타일

- 개인보다 조직을 우선시하며, 조직에 질서를 세우고, 구성원 간에 분명한 위계질서와 팀워크를 강조한다.
- 계층구조를 존중하고 신속하게 업무가 진행되도록 관리하고 지시한다.
- 내가 가진 경험과 정보를 업무에 적용하는 것을 좋아한다.
- 전통적이고 실리적인 관점에서 문제를 해결한다.
- 육하원칙에 근거해서 업무를 분명하게 지시하며, 전달사항을 확인한다.
- 실제적이고 현실적으로 설명해 주는 것을 좋아한다.
- 이해가 되지 않는 것은 바로 질문해서 궁금증을 해결한다.
- 문제가 생기면 해결될 때까지 일에 전념하는 경향이 있다.
- 팀원들도 팀을 위해 자기처럼 열심히 일해 주길 기대한다.
- 팀워크를 해치는 직원에 대해서는 과감하게 징계한다.
- 자신처럼 같이 열심히 일하지 않는 직원들에 대한 인내심이 부족하다.

- 빨리빨리 일하는 것을 좋아하며, 느리게 일하는 사람을 무능력하게 보는 경향이 있다.
- 빨리 결정하고, 빨리 결과물을 제출하는 것을 좋아한다.
- 성과지향적인 리더십을 추구한다.

### 외향매화 기질을 위한 조언

- 모든 것을 성급하게 결정하지 않도록 하라.
- 느리고 우유부단한 사람을 수용하도록 힘써라.
- 마땅히 해야만 한다는 당위적 태도에서 벗어나 여유로움을 가져라.
- 현실적 결과물에 집착하지 말고 장기적인 안목을 길러라.
- 다른 사람의 말을 끝까지 경청하라.
- 다른 대안과 다른 관점을 충분히 고려하도록 힘써라.
- 여유롭게 일하는 내향난초 기질의 장점을 배워라.

## 내향 매화

보호하는, 헌신하는, 꼼꼼한, 인내하는, 보수적인

- 가족이나 조직의 안전을 지키는데 신경을 많이 쓴다.
- 고지식하고 사람을 깊게 사귄다.
- 구체적이고 상세하게 계획을 세운다.
- 규칙적이다.
- 기본 생활 습관을 잘 지킨다.
- 기존의 전통과 질서를 잘 따른다.
- 꼼꼼하다.
- 돌출 행동을 하지 않는다.
- 맡겨진 일을 포기하지 않고, 말없이 꾸준하게 한다.
- 메모를 잘한다.
- 모범적이다.
- 미리 위험요소에 대비한다.
- 방 청소를 깨끗하게 한다.

- 보호본능이 강하다.
- 쉽게 동요하거나 흔들리지 않는다.
- 안전한 것을 추구한다.
- 알뜰하고 사치를 하지 않는다.
- 약속을 잘 지킨다.
- 위계질서를 중시한다.
- 인생의 풍파를 인내와 끈기로 참아 낸다.
- 자료 정리를 잘하며, 체계적으로 관리하고 보관한다.
- 작고 사소한 일에 대해서도 상세한 기억력을 가지고 있다.
- 한 우물을 판다.
- 정보와 절차를 잘 따르며 주어진 규율에 잘 순응한다.
- 터무니없는 환상을 싫어하고 현실적이다.
- 한 번 시작한 일은 끝까지 마무리한다.
- 신중하게 말하고 자신이 한 말에 대한 책임을 진다.
- 효를 중시하고 웃어른을 공경한다.

## 내향매화 기질의 스트레스

**스트레스가 되는 것**

• 남으로부터 추상적인 설명을 들을 때

• 마감일이 조급한 일을 맡을 때

• 뭔가를 갑작스럽게 바꾸자는 요청이 있을 때

• 불성실한 사람과 같이 일할 때

• 상상력의 산물을 요청을 받을 때

• 계획에 없던 일을 갑작스럽게 하게 될 때

• 정해진 시간 안에 일을 마무리 짓지 못할 때

**스트레스에 사로잡혔을 때의 반응**

• 너무 심사숙고하여 결정을 행동하지 못함

• 다른 대안을 고려하려고 하지 않음

• 사소하고 별로 중요하지 않는 부차적인 자료에 집착함

- 입을 다물고 혼자 삭히고 담아 둠
- 자신이 알고 있는 방식만 하려는 독단적인 행동을 함
- 참다가 폭발함

**스트레스에서 벗어나기 위한 방법**
- 글쓰기, 미술, 목공과 같은 창조적인 활동을 하라.
- 끝까지 들어주는 사람에게 표현할 수 있는 기회를 가지라.
- 소규모 계획을 조직하고 타인의 구체적인 지지를 받으라.
- 유쾌한 기분을 주는 여행 시간을 보내라.
- 책임감의 일부를 타인에게 나눠주고, 휴식을 취하라.

**내향매화 기질이 선호하는 격언/속담**

- 꺼진 불도 다시 보자.
- 고생 끝에 낙이 온다.
- 낙숫물이 바위를 뚫는다.

- 눈물을 흘리며 씨를 뿌리는 자는 기쁨으로 단을 거두리로다.
- 콩 심은 데 콩 나고 팥 심은 데 팥 난다.
- 대기만성
- 돌다리도 두드려보고 건넌다.
- 돌도 갈면 빛난다.
- 로마는 하루아침에 이루어지지 않았다.
- 악법도 법이다.
- 윗물이 맑아야 아랫물이 맑다.
- 인내는 쓰고 열매는 달다.
- 일찍 일어나는 새가 벌레를 잡는다.
- 참는 자에게 복이 있다.
- 천 리 길도 한 걸음부터.
- 티끌 모아 태산.
- 한 우물을 파라.
- 심사숙고
- 유비무환
- **조강지처**

## 내향매화 기질의 노래

- **학교 종이 땡땡땡** : 학교 종이 땡땡땡 어서 모이자 선생님이 우리를 기다리신다

- **새마을 노래** : 새벽종이 울렸네 새아침이 밝았네 너도나도 일어나 새마을을 가꾸세 살기 좋은 내 마을 우리 힘으로 만드세

- **옹달샘** : 깊은 산속 옹달샘 누가 와서 먹나요 새벽에 토끼가 눈 비비고 일어나

- **나란히** : 나란히 나란히 나란히 밥상 위에 젓가락이 나란히 나란히 나란히

- **재능교육** : 자기의 일은 스스로 하자

- **칠갑산** : 콩밭 매는 아낙네야 베적삼이 흠뻑 젖는다 무슨 설움 그리 많아 포기마다 눈물 심누나

- **사노라면** : 사노라면 언젠가는 밝은 날도 오겠지 흐린 날도 날이 새면 해가 뜨지 않더냐

- **어느 60대 노부부의 이야기** : 곱고 희던 그 손으로 회사생활 시작하던 때 어렴풋이 생각나오 여보 그때를 기억하오

- **당신은 모르실 거야** : 당신은 모르실 거야 얼마나 사랑했는지 세월이 흘러가면은 그때서 뉘우칠 거야

- **바램** : 매일 해결해야 하는 일 때문에 내 시간도 없이 살다가 평생 바쁘게 걸어 왔으니 다리도 아픕니다

- **개똥벌레** : 아무리 우겨 봐도 어쩔 수 없네 저기 개똥 무덤이 내 집인걸

- **갯바위** : 세찬 비바람에 내 몸이 패이고 이는 파도에 내 뜻이 부서져도

- **자전거** : 따르르르릉 저기 가는 저 사람 조심하셔요 어물어물 하다가는 큰일 납니다

- **꼬마 인형** : 부서지는 모래성을 쌓으며 또 쌓으며 꼬마 인형을 가슴에 안고 나는 기다릴래요

## 내향매화 기질이 선호하는 일의 특성

- 다른 사람의 방해를 받지 않고 집중해서 할 수 있는 일
- 명확한 매뉴얼과 표준 절차를 따라 하는 일
- 반복된 검토와 확인을 요하고 세밀한 관찰을 요구하는 일
- 새로운 아이디어를 계속해서 창출하지 않아도 되는 일
- 세부적인 관찰이 필요하거나 조사를 하는 일
- 신중하고 꼼꼼하게 처리하는 것이 많은 일

- 위계질서가 잘 갖추어져 있고 존중받는 구조에서 하는 일
- 이상적이거나 장기적인 목표보다는 현실에서 구체적인 생산을 목표로 하는 일
- 맡은 일을 사전에 준비할 개인적인 시간이 주어지는 일
- 매뉴얼에 따라 실행하면 결과가 보장되는 일

## 내향매화 기질이 선호하는 직업

검사, 경리사무원, 경제학연구원, 관리비서, 교도관, 금융관리자, 대학교무사무원 메카트로닉스공학기술자, 발전설비기술자, 법무사, 법학연구원, 변리사, 보육교사 및 보육사, 사서, 생산관리사무원, 세무사, 수학교사, 실업교사, 안경사, 약사, 육군부사관, 일반비서, 자동차공학기술자, 재무관리자, 전기안전기술자, 정보시스템운영자, 조세행정사무원, 지도제작기술자, 초등학교교사, 출입국심사관, 측량 및 지리정보기술자, 치과의사, 컴퓨터하드웨어기술자, 통신기기기술자, 판사, 품질관리사무원, 행정공무원, 회계사, 재료공학기술자, 회계사무원

## 내향매화 기질의 리더십 스타일

- 전통적이고 체계적인 조직에서 안전한 리더십을 발휘하기 좋아한다.
- 가족에 대한 책임감을 가지듯이 조직과 구성원들에 대해 책임감과 의무를 다하여 돌보고 관리한다.
- 무질서한 조직에 질서를 부여하는 것을 중요하게 생각한다.
- 잠깐의 화려한 성과보다는 지속적이고 안정적인 성과에 더 비중을 둔다.
- 신뢰하거나 검증할 수 있는 경험과 지식을 활용해서 조직을 이끈다.
- 필요한 정보를 꼼꼼하게 검토하도록 지시한다.

- 무질서한 것을 싫어해 작업 환경은 깔끔하게 정리정돈 할 것을 요구한다.
- 정보는 다음을 위해 잘 보관하고 관리할 것을 요구한다.

### 내향매화 기질을 위한 조언

- 규칙이나 고정관념에서 벗어나 좀 더 유연한 태도를 갖도록 하라.
- 새로운 지식과 변화에 좀 더 능동적이고 적극적으로 대처하라.
- 자신의 불편한 마음을 억누르지 말고 솔직히 털어놓아라.
- 현재 보이지 않는 가능성에 대해 마음을 열어라.
- 인생의 장기계획을 세우고 좀 더 길고 넓게 보려고 노력하라.
- 즐기면서 일하는 외향난초 기질의 장점을 배워라.

# 외향 난초

활동적인, 낙천적인, 개방적인, 사교적인, 재미있는

- 갑작스러운 일이 생겨도 스트레스를 덜 받는다.
- 기꺼이 위험을 감수하고 도전한다.
- 누구와도 잘 어울리고 친구가 될 수 있다.
- 돌발 상황은 또 하나의 흥미진진한 게임이 될 수 있다.
- 마감일이 되어도 '어떻게 되겠지' 한다.
- 문제를 낙천적이고 긍정적으로 바라본다.
- 문제를 해결하기 위해 규칙이나 관습에서 벗어날 수 있다.
- 문제 해결사이자 분쟁을 조정하는 협상가이다.
- 복잡하고 장황한 설명을 싫어하며, 간단명료한 것을 좋아한다.
- 생동감 넘치는 분위기를 만든다.
- 스포츠를 좋아한다.
- 어디를 가든 아는 사람들이 있으며 넓은 인맥을 가지고 있다.
- 어떠한 상황에서도 긍정적인 생각을 가진다.

- 유머가 넘치며 재미있는 분위기를 잘 만든다.
- 이론보다는 단순하게 실행한다.
- 인생을 하나의 게임으로 받아들이고 즐긴다.
- 장시간 일하기보다 짧은 시간 일하고 충분한 휴식을 원한다.
- 주어진 삶을 최대한 재미있고 즐겁게 산다.
- 짧은 시간에 효과적으로 일하고 휴식 시간을 확보한다.
- 책상에 앉아 고민하기보다 행동으로 문제를 해결한다.
- 최신 유행을 잘 따르는 멋쟁이들이다.
- 친구들과 항상 몰려다닌다.
- 파티, 음식, 춤, 사교를 즐길 줄 안다.
- 포기할 것과 취득할 것을 빨리 분별하고 결정한다.
- 활기 넘치고 위트 넘치는 말재주를 가지고 있다.
- 현재를 사는 사람들이다. 과거는 이미 지나갔고 미래는 아직 오지 않았다.

파티
파티~~~            오호호

자자

즐기자구

## 외향난초 기질의 스트레스

**스트레스가 되는 것**

• 단순, 반복되는 일 계속 할 때

• 마감시간에 과도하게 얽매일 때

• 명령 및 지시, 통제 받을 때

• 유연성을 용인하지 않는 규칙에 얽매여서 일을 해야 할 때

• 자유로운 시간 없이 엄격한 일상생활을 따라야할 때

• 정리정돈을 요구 받을 때

• 즐길 수 있는 시간적 여유가 없을 때

**스트레스에 사로잡혔을 때의 반응**

- 극도로 흥분하거나 도를 넘어 통제 능력을 잃은 모습을 나타냄
- 도망. 그 순간을 회피함
- 산만함. 장황하고 겉도는 대화를 함
- 직장이나 집에서 무능감을 느낌
- 타인들을 회피하고 거리를 둠
- 폭력, 폭언이 나옴

**스트레스에서 벗어나기 위한 방법**

- 선택의 기회를 얻는 데에 도움을 받으라.
- 가장 좋아하는 외적인 활동을 하라.
- 과업의 우선순위를 정하고 다른 것들은 위임하라.
- 맛있는 식사를 하라.
- 인생의 의미와 가치를 찾으라.

## 외향난초 기질이 선호하는 격언/속담

- 금강산도 식후경.
- 내일 걱정은 내일에 족하다.
- 다닐 수 있을 때 떠나라.
- 먹고 죽은 귀신은 때깔도 좋다.
- 모로 가도 서울만 가면 된다.
- 번갯불에 콩 구워 먹는다.
- 보기 좋은 떡이 먹기도 좋다.
- 산 입에 거미줄 치랴?

인생은 일이 다가 아니라구

릴랙스~

음~

- 시작이 반이다.
- 외상이면 소도 잡아먹는다.
- 웃으면 복이 와요.
- 인생은 행동하는 자의 것이다.
- 인생 한번 살지 두 번 사나?
- 일소일소일노일노
- 작심삼일
- 즐길 수 있을 때 즐기자.
- 팔방미인
- 폼생폼사
- 하늘이 무너져도 솟아날 구멍이 있다.
- 해도 후회하고 안 해도 후회한다면 해보고 후회하겠다.
- 현재를 즐겨라.

## 외향난초 기질의 노래

- Festival : 이제는 웃는 거야 Smile again

- 도시탈출 : 떠나요 푸른 바다로 복잡한 이 도시를 탈출해봐요

- 노세 노세 : 노세 노세 젊어서 놀아 늙어지면은 못 노나니

- DOC와 춤을 : 춤을 추고 싶을 때는 춤을 춰요 할아버지 할머니도 춤을 춰요

- 여행을 떠나요 : 푸른 언덕에 배낭을 메고 황금빛 태양 축제를 여는 광야를 향해서 계곡을 향해서

- 해변으로 가요 : 별이 쏟아지는 해변으로 가요 해변으로 가요

- 뽀로로 : 노는 게 제일 좋아 친구들 모여라

- 강남스타일 : 밤이 오면 심장이 뜨거워지는 여자 그런 반전 있는 여자

- 나는 나비 : 날개를 활짝 펴고 세상을 자유롭게 날거야 노래하며 춤추는 나는 아름다운 나비

- 잘 살 거야 : 잘 사는 날이 올 거야 포기는 하지 말아요

- 태클을 걸지 마 : 어떻게 살았냐고 묻지를 마라 이리저리 살았을 거라 착각도 마라

- 내 나이가 어때서 : 세월아 비켜라 내 나이가 어때서 사랑하기 딱 좋은 나이인데

- 챔피언 : 아아 진정 즐길 줄 아는 여러분들이 이 나라의 챔피언입니다 소리 지르는 네가 음악에 미치는 네가 인생 즐기는 네가 챔피언

- 내 생애 봄날은 간다 : 비겁하다 욕하지 마 더러운 뒷골목을 헤매고 다녀도

- 본능적으로 : 본능적으로 느껴졌어 넌 나의 사람이 된다는 걸

- 얼굴 찌푸리지 말아요 : 혼자라고 느껴질 때면 주위를 둘러보세요 이렇게 많은 이들 모두가 나의 친구랍니다.

후후

말끔

## 문제 해결

### 외향난초 기질이 선호하는 일의 특성

• 가장 쉽고 간편하게 하는 방법을 찾는 일

• 갈등이 생겼을 때 타협하고 협상하는 일

• 규칙이나 규율이 많지 않고 자유로운 환경에서 하는 일

• 기회가 왔을 때 과감하게 모험할 수 있는 일

• 복잡한 이론보다 실제적인 행동으로 할 수 있는 일

• 사람들에게 즐거움과 행복을 주는 일

• 퇴근 후에 자유와 여가를 즐길 수 있는 일

• 장기적인 것보다 단기적인 결과가 빨리 나오는 일

• 정해진 절차에 따라 반복적으로 하는 일보다 돌발적인 상황에서 순발력을
  발휘해야 하는 일

• 많은 사람과 만나고 교류할 수 있는 일

## 외향난초 기질이 선호하는 직업

개그맨 및 코미디언, 경찰관, 경호원, 교도관, 놀이치료사, 레스토랑지배인, 레크레이션강사, 리스크매니저, 마술사, 물리치료사, 미용사, 바텐더(조주사), 부동산펀드매니저, 사진기자, 상점판매원, 선장 및 항해사, 소방관, 쇼핑호스트, 스포츠강사, 신문기자, 애완동물미용사, 여행관련관리자, 연주가, 영양사, 영업 및 판매관리자, 예체능계열교수, 외환딜러, 요리강사, 웃음치료사, 웨이터 및 웨이트리스, 음식료품감정사, 응급구조사, 이미용강사, 인명구조원, 청소년지도사, 체육교사, 파티플래너, 항공기조종사, 행사기획자, 홍도도우미 및 판촉

## 외향난초 기질의 리더십 스타일

- 현실 파악이 빠르고, 그것을 위해 어떤 것을 포기하고 무엇을 취득해야 하는지를 빨리 분별하고 결정한다.
- 직접 보고 눈으로 확인한 것을 신뢰하며, 사람들에게도 그렇게 하기를 요구한다.
- 복잡한 이론보다는 단순한 행동을 요구한다.
- 가장 효율적인 방법을 찾는 실용주의 리더십을 발휘한다.
- 위기 상황에서 앞장서는 리더이다. 위기 상황에서 뒤로 물러서지 않고 기꺼이 책임을 지고 문제와 대면한다.
- 어떠한 상황에서도 문제 해결 방법을 찾아낼 수 있다는 긍정적인 생각을 가진 리더이다.

잘 놀아야 일도 잘하는 법

- 뛰어난 현실 감각을 바탕으로 문제를 해결할 수 있다는 감이 오면, 과감하고 때로는 충동적으로 결정하며 위험을 기꺼이 감수하는 스타일이다.

## 외향난초 기질을 위한 조언

- 인생의 진정한 의미와 목적을 세우도록 하라.
- 자신의 충동성을 절제하는 방법을 찾도록 하라.
- 보이는 것이 전부가 아니라는 것을 기억하라.
- 삶의 쾌락과 향락에 빠지지 않도록 주의하라.
- 처음 세운 목표를 끝까지 최선을 다해 마무리하라.
- 인생의 가치와 의미를 추구하는 내향국화 기질의 장점을 배워라.

후후, 뭐 어떻게 되겠지

낙천적~~

산더미
같이

쌓인

아주
많은

문제

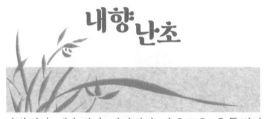

## 내향 난초

자발적인, 예술적인, 편의적인, 자유로운, 융통적인

- 꼭 필요하다고 생각되는 말을 간략하게 한다.
- 간섭하는 것도 싫고 간섭받는 것도 싫다.
- 규율이 많은 환경은 답답하지만, 그래도 그곳에 잘 적응한다.
- 다른 사람에게 부탁하지 않고 스스로 해결한다.
- 돌발 상황에 당황하지 않고 침착하게 관리한다.
- 똑같은 설명이 반복되는 것을 견디지 못한다.
- 말수가 적어 자신의 속내를 잘 드러내지 않는다.
- 물 흐르듯 살아간다.
- 미래를 걱정하지 않고 현재를 즐긴다.
- 색, 선, 촉감, 향기, 맛에 예민하다.
- 세상을 향해 관망하며 느긋하게 지켜본다.
- 음악, 미술, 조각 등 순수예술 분야에 재능이 있다.
- 자녀를 양육할 때 방목 스타일이다.
- 자유로운 분위기에서 일하기 좋아한다.

- 조용하고 착해 보이지만, 꿈과 의욕이 없어 보일 수 있다.
- 최소한의 감독으로 조직을 이끈다.
- 타인을 있는 그대로 바라보고 수용한다.
- 팀원들과 격의 없이 지낸다.
- 팀원들이 즐겁게 일하도록 배려한다.
- 평소에 있는 듯 없는 듯하다.
- 풍류를 즐기는 태평스러움과 여유로움이 있다.
- 함축되고 절제된 멋을 추구한다.
- 할 일이 많이 있어도 걱정이 적고 낙천적이다.
- 환경을 변화시키기 보다는 자신이 그 환경에 적응한다.
- 호기심이 많지만, 질문은 잘 하지 않는다.
- 혼자서 잘 논다.

## 내향난초 기질의 스트레스

**스트레스가 되는 것**

• 꽉 짜여진 조직생활

• 빨리 하라고 재촉 받을 때

• 세부사항에 대한 지나친 요구를 해 올 때

• 자유를 방해하는 규칙이 많을 때

• 잔소리를 들을 때

• 재미가 너무 없을 때

• 중간 중간에 간섭, 지시받을 때

어떻게 생각해?

뭘

꼭 말로
해야하나 ?

**스트레스에 사로잡혔을 때의 반응**

• 과도하게 행동하거나 폭력적이 됨

• 나태하고 의욕이 없어짐

• 무뚝뚝하고 퉁명스러워짐

• 방관자적인 태도를 보임

• 수동 공격성

• 철회, 은둔, 사람을 회피함

**스트레스에서 벗어나기 위한 방법**

• 경계를 설정하여 선택적으로 거절하라.

• 과업의 우선순위를 정하고 다른 것들은 위임하라.

• 마감의 압박을 피하기 위해 계획을 짜고 목록을 만들라.

• 운동, 수면, 마사지 등의 신체적 활동에 시간을 투자하라.

• 자신의 마음의 원하는 바를 입으로 표현하라.

에헴~

유유자적

## 내향난초 기질이 선호하는 격언/속담

- Que Sera Sera(어떻게든 되겠지.)
- 강 건너 불구경하듯 한다.
- 구렁이 담 넘어가듯.
- 긁어 부스럼 만들지 않는다.
- 내일은 내일의 태양이 다시 떠오른다.
- 노세 노세 젊어서 노세.
- 모로 가도 서울만 가면 된다.
- 산은 산이요. 물은 물이로다.
- 세월이 좀먹나!
- 안빈낙도
- 얌전한 고양이 부뚜막에 먼저 올라간다.

- 엎어진 김에 쉬었다 간다.
- 왜 사냐면 웃지요.
- 유유자적
- 일석이조
- 일찍 일어나는 새가 더 피곤하다.
- 즐길 수 없으면 피해라.
- 하늘이 무너져도 솟아날 구멍이 있다.
- 현재를 즐겨라.
- 흐르는 강물처럼

## 내향난초 기질의 노래

- **그것만이 내 세상** : 세상을 너무나 모른다고 나보고 그대는 얘기하지 조금은 걱정된 눈빛으로 조금은 미안한 웃음으로
- **피곤해** : 곤히 잠든 나를 깨우는 엄마 보채지 좀 마 I just wanna sleep now
- **청산별곡** : 살어리 살어리랏다? 청산에 살어리랏다
- Let it be : Speaking words of wisdom- let it be, Let it be, let it be, Let it be, let it be
- **빙글빙글** : 그저 바라만 보고 있지 그저 눈치만 보고 있지
- **어머나** : 어머나 어머나 이러지 마세요 여자의 마음은 갈대랍니다 안 돼요 왜 이래요 묻지 말아요
- **한잔의 추억** : 늦은 밤 쓸쓸히 창가에 앉아 꺼져 가는 불빛을 바라보면은 어데선가 날 부르는 소리가 들려
- **도시탈출** : 떠나요 푸른 바다로 복잡한 이 도시를 탈출해 봐

- **황진이** : 내일이면 간다 너를 두고 간다 황진이 너를 두고 이제 떠나면 언제 또 올까

- **자옥아** : 내 곁을 떠나간 그 사람 이름은 자옥 자옥 자옥이었어요 그 사람 어깨에 날개가 있어 멀리멀리 날아갔어요

- **직감** : 네가 날 떠날 거란 직감이 와 자꾸만 이런저런 핑계들만

- **낭만 고양이** : 슬픈 도시를 비춰 춤추는 작은 별빛 나는 낭만 고양이 홀로 떠나가 버린 깊고 슬픈 나의 바다여

- **둘리** : 요리보고 저리 봐도 음음 알 수 없는 둘리 둘리 외로운 둘리는 귀여운 아기공룡

- **귀거래사** : 하늘 아래 땅이 있고 그 위에 내가 있으니 어디인들 이 내 몸 둘 곳이야 없으리

- **고래사냥** : 무엇을 할 것인가 둘러보아도 보이는 건 모두가 돌아 앉았네

- **사노라면** : 사노라면 언젠가는 밝은 날도 오겠지 흐린 날도 날이 새면 해가 뜨지 않더냐

- **혼자서도 잘해요** : 꺼야 꺼야 할 꺼야 혼자서도 잘할 거야 예쁜 짓 고운 짓 혼자서도 잘할 꺼야

자유를 따라~

방황.....

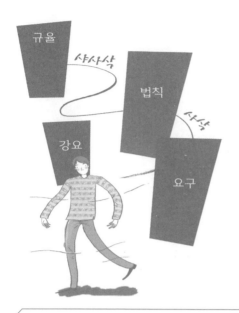

## 내향난초 기질이 선호하는 일의 특성

• 다른 사람들의 간섭이 적고 자신만의 여유를 누릴 수 있는 일

• 도구를 사용하거나 기계를 다루는 일

• 마감 시간의 압박을 적게 받는 일

• 방해받지 않고 자신만의 작업 공간이 확보되는 일

• 섬세한 기술과 예술적 재능을 꼼꼼하게 발휘할 수 있는 일

• 실생활에 필요한 것을 생산하는 일

• 위험이 따르더라도 재미와 스릴을 느낄 수 있는 일

• 자기 생각을 말로 표현하는 것이 적은 일

• 적은 노력과 에너지로 최상의 효과를 얻을 수 있는 일

• 조직 구성원 간에 나눔을 많이 필요로 하지 않는 일

• 장인, 기능공, 미술가, 조각가, 연주가, 기술자 등과 같이 도구와 기술을 활용하는 일

• 지시와 명령을 최소화해서 할 수 있는 일

## 내향난초 기질이 선호하는 직업

경찰관, 교도관, 귀금속 및 보석세공원, 도배공, 동물사육사, 레스토랑지배인, 마술사, 메이크업아티스트, 무용가, 물리치료사, 미술교사, 미용사, 바리스타, 방송송출장비기사, 보석감정사, 분장사, 사무기기설치 및 수리원, 소방관, 소아과의사, 시각디자이너, 실업교사, 안경사, 애완동물미용사, 약사, 양식조리사, 영상그래픽디자이너, 예체능계열교수, 웹디자이너, 일러스트레이터, 제빵원 및 제과원, 촬영기사, 치과의사, 컴퓨터하드웨어기술자, 프로게이머, 항공기정비원, 화가, 경호원, 사진작가, 자동차정비원, 조경기술자

흠흠

냠~

## 내향난초 기질의 리더십 스타일

- 적은 노력으로 큰 효과를 창출하는 것을 추구한다.
- 팀원들과 격의 없이 지내기를 좋아하면서도 예의를 지켜 주기 원한다.
- 사람들이 자유로운 분위기에서 일할 수 있게 배려한다.
- 장황하게 설명하는 것을 좋아하지 않는다.
- 자신이 꼭 전달해야 할 말만 간략하게 설명하고, 어떻게 하는지 보여주는 스타일이다.
- 현재의 문제를 해결하기 위해 때로는 정해진 규칙이나 절차를 유연하게 적용한다.

- 충분하게 자기 생각을 표현하지 않는 경향이 있다.
- 권위주의에 반대하는 평등주의자이다.
- 위기에 태연하게 대처한다.
- 팀원들을 조용히 설득한다.
- 팀원들이 일을 즐겁게 하도록 이끈다.

## 내향난초 기질을 위한 조언

- 당신의 생각을 다른 사람에게 충분하게 표현하도록 하라.
- 감정을 표현하는 기술을 배워라.
- 적극성과 주도성을 개발하라.
- 끈기를 개발하도록 하라.
- 장기적 목표와 실행 계획을 세우도록 하라.
- 열정적으로 일하는 외향국화 기질의 장점을 배워라.

## 외향 국화

열정적인, 언어적인, 감성적인, 성장하는, 표현적인

- 감성이 풍부하고 공감을 잘한다.
- 과도한 친절이 타인을 피곤하게 한다.
- 권위를 내세우지 않으며 격의 없다.
- 긍정적인 잠재력을 격려하고 칭찬을 잘한다.
- 남의 고민을 잘 들어 준다.
- 넉넉함과 베풂이 있다.
- 내기 게임을 싫어한다.
- 다른 사람과 잘 어울리고 새로운 인간관계를 잘 개발한다.
- 로미오와 줄리엣처럼 순수하고 열정적인 사랑을 갈망한다.
- 많은 사람에게 열정을 불러일으킨다.
- 밝은 반면 상처를 잘 받는다.
- 사람들에게 친절하게 대하고 감사 표현을 잘한다.
- 민주적으로 조직을 운영한다.

- 삶의 방향성 제시를 잘한다.
- 상대방이 느낄 수 있게 사랑 표현한다.
- 소외된 사람들에게 관심이 많으며 잘 도와준다.
- 시들지 않는 꿈을 꾸는 청춘이다.
- 신뢰성과 관계성에 의미 부여를 많이 한다.
- 주변의 사건에 연루된 경우가 많다.
- 잘 웃으며 다른 사람을 편하게 대한다.
- 잠재된 재능을 잘 끌어내고 자신감을 불러일으킨다.
- 모두가 평화로운 세상을 꿈꾼다.
- 화술이 뛰어나고 말로 자기 생각을 잘 표현한다.
- 적재적소에 필요한 사람들을 잘 끌어온다.
- 하고 싶은 일이 생기면 그것만 생각난다.
- 지나치게 사람 중심적이다.
- 호기심이 많다.

## 외향국화 기질의 스트레스

**스트레스가 되는 것**

• 개인적 신념이나 가치에 위배되는 일을 할 때

• 개인적인 비난을 다루어야 할 때

• 공사구분을 못한다는 말을 들을 때

• 다른 사람을 배려하다 손해 볼 때

• 비협조적이고 따지는 동료가 있을 때

• 요구를 거절하지 못해 과중한 일을 할 때

• 이상화시켰던 인물의 실제 모습에 실망할 때

**스트레스에 사로잡혔을 때의 반응**

- 가까운 사람에게 신경질 냄
- 울고 소리 지르고 격한 감정표현을 함
- 자기 얘기만 함
- 철수하고 우울해짐
- 초점이 없는 비효율적인 표현이 많아짐
- 표면적인 조화를 위해 진정한 문제를 부정함

**스트레스에서 벗어나기 위한 방법**

- 관계에서 선택과 집중하라.
- 명상, 쇼핑, 수다 떨기, 걷기를 하라.
- 모든 사람에게 좋은 평가를 받아야 한다는 생각을 내려놓아라.
- 자신의 감정을 글로 표현해 보라.
- 지지 그룹에 참석하라.

## 외향국화 기질이 선호하는 격언/속담

- We are the world.
- 나보다 소중한 너.
- 당신은 내게 최고의 선물입니다.
- 더불어 사는 숲.
- 말 한마디로 천 냥 빚을 갚는다.
- 모두가 사랑이에요.
- 사람만이 희망이다.
- 사람은 자기를 알아주는 사람을 위해서 죽는다.

- 사람이 꽃보다 아름답다.

- 사람이 재산이다.

- 사랑은 마주 보는 것이 아니라 같은 곳을 바라보는 것이다.

- 웃는 낯에 침 뱉으랴.

- 인생은 만남의 연속이다.

- 지성이면 감천(至诚能感天).

- 처음처럼

- 칭찬은 고래도 춤추게 한다.

- 콩 한 쪽도 나눠 먹는다.

- 한곳에서 꽃을 피우는 것보다 여러 꽃과 어울려 향기를 내자.

- 한 사람의 열 발자국보다 열 사람의 한 발자국을….

- 혼자 가면 빨리 가고 함께 가면 멀리 간다.

## 외향국화 기질의 노래

- **열정** : 사랑하고 싶어서 사랑받고 싶어서 만나서 차 마시는 그런 사랑 아니야

- **당신은 사랑받기 위해 태어난 사람** : 당신은 사랑받기 위해 태어 난 사람 당신의 삶 속에서 그 사랑 받고 있지요

- **모두 다 사랑하리** : 타오르는 태양도 날아가는 저 새도 모두 다 사랑하리

- **널 사랑하겠어** : 널 사랑하겠어 언제까지나 널 사랑하겠어 지금 이 순간처럼

- **그대 내게 행복을 주는 사람** : 내가 가는 길이 험하고 멀지라도 그대 함께 간다면 좋겠네

- **행복한 사람** : 울고 있나요 당신은 울고 있나요 아아~ 그러나 당신은 행복한 사람

- **하늘을 달리다** : 귓가에 울리는 그대의 뜨거운 목소리 그게 나의 구원이었어 나 그대에게 안길 수만 있으면 내 몸 부서진대도 좋아

- **둥글게 둥글게** : 둥글게 둥글게 둥글게 둥글게 … (이하 생략)

- **손에 손잡고** : 손에 손잡고 벽을 넘어서 우리 사는 세상 더욱 살기 좋도록 손에 손잡고 벽을 넘어서 서로서로 사랑하는 한마음 되자

- **나에게 쓰는 편지** : 나 잃어버린 나를 만나고 싶어 모두 잠든 후에 나에게 편지를 쓰네

- **만남** : 우리 만남은 우연이 아니야 그것은 우리의 바램이었어 돌아보지 마라 후회하지 마라

- **인형의 꿈** : 한 걸음 뒤엔 항상 내가 있었는데 그댄 영원히 내 모습 볼 수 없나요

- **길** : 내가 가는 이 길이 어디로 가는지 어디로 날 데려가는지 그곳은 어딘지 알 수 없지만

- We Are the World : We are the world we are the children We are the …

- 사람이 꽃보다 아름다워 : 누가 뭐래도 사람이 꽃보다 아름다워 이 모든 외로움 이겨낸 바로 그 사람 누가 뭐래도 그대는 꽃보다 아름다워

- 가로수 그늘 아래 서면 : 라일락 꽃향기 맡으며 잊을 수 없는 기억에 이렇게도 아름다운 이 세상 잊지 않으리 내가 사랑한 얘기

## 외향국화 기질이 선호하는 일의 특성

- 개인의 창의성이 존중되고 자기 열정을 발휘할 수 있는 일
- 반복적이지 않고 다양한 변화를 경험할 수 있는 일
- 상상력이 무시되지 않는 분위기에서 하는 일
- 새로운 일을 할 수 있는 자율성이 보장되는 일
- 소외된 사람들을 돌볼 수 있는 일

자자 좋게    조화롭게    좋게

- 의사소통을 자유롭게 할 수 있는 일
- 인류평화와 복지에 기여할 수 있는 일
- 일정을 스스로 계획하고 조정할 수 있는 일
- 창의적인 해결책을 자유롭게 건의할 수 있는 일

## 외향국화 기질이 선호하는 직업

결혼상담원, 고객상담원, 관광통역안내원, 광고 및 홍보전문가, 교육계열교수, 국어교사, 기획·홍보 및 광고관리자, 놀이치료사, 레크레이션강사, 리포터, 마케팅전문가, 만화가, 목사, 미술교사, 미용사, 방송작가, 보건교사, 사회복지사, 상담전문가, 성우, 소아과의사, 쇼핑호스트, 심리학연구원, 아나운서, 언어치료사, 영업 및 판매관리자, 예능강사, 외교관, 외국어교사, 웃음치료사, 음악교사, 이미지컨설턴트, 인적자원전문가, 일러스트레이터, 직업상담사, 청소년지도사, 커리어코치, 통역가, 특수학교교사, 헤드헌터

## 외향국화 기질의 리더십 스타일

- 정열과 열정으로 새로운 변화를 만들어가는 지도자다.
- 마무리하는 것은 약하지만, 새로운 일을 시작하는 데는 긍정적이고 희망으로 가득하다.
- 주변 사람들에게 일을 시작할 수 있도록 열망을 심어줘 사람들이 일에 관심을 가지게 한다.
- 사람들과 관계 형성을 잘하며, 관계를 우선시하는 리더이다.
- 격려와 칭찬을 잘하고, 잘 웃으며, 재미있게 말하고, 개인적인 관심을 보여주는 리더이다.
- 편안하고 권위를 내세우지 않으며 격의 없는 리더이다.
- 잠재된 열정을 끌어내기 위해 동기를 부여하고 독려한다.
- 자아실현에 관심이 많고, 개인이 가지고 있는 최상의 잠재력을 개발하도록 도와준다.
- 개인의 발전이 조직 발전이라는 신념으로 직원들을 교육하는데 많은 투자를 한다.
- 민주적인 조직운영을 선호한다.
- 위계질서보다는 서로를 인격적으로 존중하는 방식으로 조직이 운영되기 원한다.
- 적재적소에 필요한 사람들을 잘 포섭하고 끌어온다.
- 새로운 프로젝트를 잘 만들며 그 일에 맞는 적임자가 누군지 잘 파악하여 연결시킨다.

- 당신의 열정을 적절히 컨트롤하라.
- 우선순위를 정하여 중요한 것부터 먼저 하라.
- 끝까지 하지 않을 일은 아예 시작하지 말라.
- 다이어리 활용법을 배우고, 계획적인 삶의 습관을 개발하라.
- 냉철한 분석력을 가진 내향대나무 기질의 장점을 배워라.

# 내향 국화

배려하는, 공감하는, 부드러운, 양보하는, 자비로운

- 관계에서 경쟁과 갈등을 피하고 조화를 추구한다.
- 관계에서 손해 보는 일이 많다.
- 개인적인 깊은 내적 관계를 갈망한다.
- 낭만과 운치를 즐길 줄 안다.
- 눈치를 많이 본다.
- 내적 욕구를 민감하게 감지한다.
- 누구나 자기 의견을 낼 수 있는 민주적인 조직을 만든다.
- 다른 사람들의 꿈을 끌어낸다.
- 따뜻하게 웃어 주며 격려와 칭찬을 잘한다.
- 베풀어야 마음이 편하다.
- 부드러운 심성과 온화함을 가지고 있다.
- 부탁을 잘 들어주지만, 부탁은 잘 못한다.
- 상대방의 표정을 통해 심리적 상태를 예견한다.

- 술 없이도 분위기를 맞춘다.
- 양보를 잘한다.
- 어려움을 겪고 있는 사람을 잘 위로한다.
- 온화한 어투로 말하고 존중해 준다.
- 우유부단한 모습을 보이기 쉽다.
- 인생의 가치에 대해 깊이 있게 고찰한다.
- 자신과 타인의 감정에 민감하다.
- 작은 일에도 의미와 가치를 잘 부여한다.
- 자기 내면을 잘 드러내지 않는다.
- 잘 공감한다.
- 조화로운 관계를 우선시한다.
- 최상의 잠재력을 개발하도록 뒤에서 잘 도와준다.
- 칭찬과 격려를 잘한다.

## 내향국화 기질의 스트레스

**스트레스가 되는 것**

- 가까운 사람이 떠나갈 때
- 갈등과 적대감이 있는 분위기 일 때
- 남 앞에 서야 할 때
- 남에게 인격적인 비난을 받을 때
- 남이 오해 할 때
- 다른 사람들을 통제하거나 요구해야하는 일들이 많을 때
- 혼자 결정을 해야 할 때

이상

여기가
어디지 ?

어중간

왔다 갔다

현실

날 좀 이해해줘

스트레스에 사로잡혔을 때의 반응

어린왕자

• 과도하게 예민하여 눈치를 살핌
• 내 한 몸 희생하고 말지라는 태도
• 말을 하지 않고 속에서 부글부글 함
• 헷갈리는 행동과 수동 공격성적 태도
• 혼자 동굴로 들어가 회피함
• 화 안난 척 함
• 후회하면서도 구조자가 되려고 함

스트레스에서 벗어나기 위한 방법

• 미스터리 소설, 체스 같은 분석과 전략을
  요하는 활동을 하라.
• 자신을 이해하는 사람에게 감정을 인정받
  을 기회를 가지라.
• 잘못한 것보다 잘한 것에 초점을 두라.
• 타인을 위한 서비스를 그만두라.
• 회피하지 않고 직면하는 시간을 가지라.

내향국화 기질이 선호하는 격언/속담

• 가는 말이 고와야 오는 말이 곱다.
• 긍휼히 여기는 자는 긍휼히 여김을 받을 것이요.
• 남의 고기 한 점 먹고 내 고기 열 점 준다.
• 눈치가 빠르면 절간에서도 새우젓을 얻어먹는다.
• 말이 고마우면 비지 사러 갔다 두부 사 온다.

- 말하지 않아도 알아요.
- 말 한마디에 천 냥 빚 갚는다.
- 믿는 도끼에 발등 찍힌다.
- 곳간에서 인심 난다.
- 소박한 것이 아름답다.
- 역지사지
- 열 길 물속은 알아도 한 길 사람 속은 모른다.
- 외유내강
- 우물쭈물하다 내 이럴 줄 알았다네.
- 울며 겨자 먹기
- 이심전심
- 인간은 생각하는 갈대다.
- 측은지심
- 할 수 있거든 모든 사람으로 더불어 화평하라.
- 혼자 가는 열 걸음보다 열 사람이 같이 가는 한 걸음이 더 낫다.

## 내향국화 기질의 노래

- **사랑으로** : 아아 영원히 변치 않을 우리들의 사랑으로 어두운 곳에 손을 내밀어 밝혀 주리라
- **손에 손잡고** : 손에 손잡고 벽을 넘어서 우리 사는 세상 더욱 살기 좋도록 손에 손잡고 벽을 넘어서 서로서로 사랑하는 한마음 되자
- **가시나무** : 내 속엔 내가 너무도 많아 당신의 쉴 곳 없네 내속엔 헛된 바램들로 당신의 편할 곳 없네

- **인생은 미완성** : 사람아 사람아 우린 모두 타향인 걸 외로운 가슴끼리 사슴처럼 기대고 살자

- **나는 나비** : 내 모습이 보이지 않아 앞길도 보이지 않아 나는 아주 작은 애벌레

- **소원** : 떠나지마 이 세상에서 가까이서 나를 지켜줘 이건 날 위한 게 아냐 용서할게 다시 내게로 돌아와 줘

- **사랑했어요** : 사랑했어요 그땐 몰랐지만 이 마음 다 바쳐서 당신을 사랑했어요

- **진달래꽃** : 나보기가 역겨워 가실 때에는 말없이 고이 보내 드리오리다

- **나는 행복한 사람** : 그대 사랑하는 난 행복한 사람 잊혀질 때 잊혀진 대도

진실을 위해서 죽어도 좋다 !

잔다르크

- **애모** : 그대 가슴에 얼굴을 묻고 오늘은 울고 싶어라 그대 앞에만 서면 나는 왜 작아지는가

- **들꽃** : 돌 틈 사이 이름도 없는 들꽃처럼 핀다 해도 내 진정 그대를 위해서 살아가리라

- **거짓말** : 잘 가 (가지마) 행복해 (떠나지 마) 나를 잊어줘 잊고 살아 가 줘 (나를 잊지 마) 나는 (그래 나는) 괜찮아 (아프잖아) 내 걱정은 하지 말고 떠나가 (제발 가지마)

- **고목나무** : 저 산마루 깊은 밤 산새들도 잠들고 우뚝 선 고목이 달빛 아래 외롭네 옛사랑 간 곳 없다 올 리도 없지마는 만날 날 기다리며 오늘이 또 간다

- **해후** : 그대를 사랑하고도 가슴을 비워 놓고도 이별의 예감 때문에 노을진 우리의 만남

- **그런 사람 또 없습니다** : 천 번이고 다시 태어난 데도 그런 사람 또 없을 테죠 슬픈 내 삶을 따뜻하게 해준 참 고마운 사람입니다

- **사랑에 빠지고 싶다** : 내겐 나를 너무 사랑해주는 그런 사람이 있어 헌데 왜 너무 외롭다 나 눈물이 난다

- **고백** : 이게 아닌데 내 맘은 이게 아닌데 널 위해 준비한 오백 가지 멋진 말이 남았는데

- **해바라기꽃** : 내 사랑은 해바라기 꽃 당신만을 바라보면서 까만 밤 하얀 밤 달빛 속을 지새며 순정을 먹고 사는 꽃

## 내향국화 기질이 선호하는 일의 특성

- 경쟁적이지 않은 분위기에서 할 수 있는 일
- 경제적인 것보다 자신이 지향하는 인생의 의미와 가치가 부합되는 일
- 규율이나 규칙에 얽매이지 않는 일
- 마감 시간이 촉박하지 않은 일
- 사람들과의 관계에서 그들의 필요를 채워주는 일
- 사람들을 위해 봉사하는데 자기 아이디어를 많이 활용할 수 있는 일
- 사람들의 성장과 자아실현을 돕는 일
- 인간복지에 대한 신념이나 가치관에 부합되는 일
- 자유롭게 자기 상상력과 아이디어를 펼칠 수 있는 일
- 정해진 일을 하기보다 마음이 가는 대로 할 수 있는 일
- 직업적 윤리를 지키면서 할 수 있는 일

## 내향국화 기질이 선호하는 직업

간병인, 간호사, 교육계열교수, 국어교사, 만화가, 목사, 미술교사, 보육교사 및 보육사, 사서, 사회계열교수, 사회복지사, 상담전문가, 육아도우미, 소설가, 수녀, 시인, 심리학연구원, 애니메이션기획자, 애완동물미용사, 약사, 언어치료사, 예체능계열교수, 외국어교사, 웹기획자, 음악교사, 음악치료사, 인문계열교수, 일러스트레이터, 임상병리사, 임상심리사, 작사가, 직업상담사, 청능사(청능치료사), 청소년지도사, 총무 및 인사관리자, 출판물편집자, 캐릭터디자이너, 통역가, 특수학교교사, 한의사

## 내향국화 기질의 리더십 스타일

- 내향국화 기질은 경청하는 리더십을 발휘한다.
- 신뢰할 수 있는 관계를 최우선으로 생각하는 리더이다.
- 개인적인 관계를 통해 잠재된 열정을 끌어내기 좋아한다.
- 자아실현에 관심이 많으며, 사람들의 잠재력을 개발하도록 도와준다.
- 타인이 자신의 능력을 실현할 수 있도록 교육 기회를 제공하기 좋아한다.
- 권위적이고 폐쇄적인 조직을 싫어하여 민주적인 조직을 만들기 위해 노력한다.
- 자유로운 회의 진행방식을 선호하며 의견을 공유하는 분위기를 조성한다.
- 상대방의 미묘한 심리적 상태를 예리하게 통찰한다.
- 문제가 있는 사람을 빨리 알아채며, 개인적 상담을 통해 문제를 해결하는데 도와주려고 한다.
- 경쟁적인 조직에서는 스트레스를 많이 받는다.

## 내향국화 기질을 위한 조언

- 꿈꾸는 것을 이루기 위해 오늘 실행해야 할 일을 찾아라.
- 당신이 의미부여 하는 것이 객관성을 갖추고 있는지 검토하라.
- 당신의 인생을 좀 더 단순화시켜라.
- 당신의 감정을 객관화시켜라.
- 육체적인 활동을 늘려 운동하라.
- 논리적으로 표현하는 외향대나무 기질의 장점을 배워라.

# 외향 대나무

혁신적인, 도전적인, 통솔하는, 전략적인, 진취적인

- 경쟁심이 강하다.
- 개척자 정신이 강하다.
- 관심 분야가 다양해 누구와도 대화할 수 있다.
- 구습을 타파한다.
- 기존 질서의 가치는 어디까지나 효율성에 있다.
- 남들이 잘 하지 않는 부분에 관심이 많다.
- 다른 사람을 잘 설득한다.
- 도전할 때 살아있다는 느낌을 가진다.
- 많은 일을 동시다발적으로 처리한다.
- 명확하고 정확한 결론을 요구한다.
- 미래를 앞서가는 창의적 사고를 가지고 있다.
- 복잡한 문제일수록 도전하고 싶어 한다.
- 부지런하고 앞을 향해 달린다.

- 분위기나 환경에 상관없이 자기 일을 잘한다.
- 불의를 못 참는다.
- 새로운 내용과 방법이 없으면 흥미가 없어진다.
- 선견지명이 뛰어나다.
- 세상을 향해 경쟁적인 태도를 보인다.
- 아이디어를 창출하고 새로운 일에 도전한다.
- 여러 가지 일을 동시에 진행한다.
- 자기 아이디어를 실험하고 적용한다.
- 장기적인 조직 플랜을 기획한다.
- 전문 지식을 선호하며 확신과 자신감이 있다.
- 조직을 만들고 그것을 운영해 가는 데에 재미를 느낀다.
- 기존 방식보다 새로운 문제 해결 방식을 찾는다.
- 좋고 싫음이 명확하고 옳고 그름이 분명하다.
- 현실에 대한 비판과 새로운 대안을 찾는다.
- 효율적인 목표 달성을 위한 방법을 찾는다.

## 외향대나무 기질의 스트레스

**스트레스가 되는 것**

• 같이 일하는 사람이 공사구분이 되지 않을 때

• 결론이 없는 장황한 이야기를 듣고 있어야 될 때

• 공감을 요구 받을 때

• 비조직적인 환경에서 일을 해야 할 때

• 원칙이 없이 상황에 따라 변화될 때

• 일의 결과가 내가 원하는 만큼 나오지 않을 때

• 조직에서 여러 사람을 배려해서 했음에도 불구하고 못 받았다고 할 때

**스트레스에 사로잡혔을 때의 반응**

• 거만하고 요구하는 태도

• 기분을 얼굴로 바로 표시함

• 논리적이지 못한 사람들을 참지 못함

• 명확한 결과를 위해 인간관계까지도 지나치게 단순화시킴

• 몰아붙이고 목소리도 커짐

• 아주 냉담해지며 차가워짐


**스트레스에서 벗어나기 위한 방법**

• 가치 명료화 활동을 완수하라.

• 관계나 타인의 요구에 집중하라.

• 내면 정서를 표현하는 시를 짓거나, 그림을 그려라.

• 느긋해지고, 과업을 옆으로 제쳐두라.

• 마인드 관리에 도움이 되는 운동을 하라.


## 외향대나무 기질이 선호하는 격언/속담

• 1%가 세상을 구한다.

• Go beyond(뛰어넘어라).

• 가족 빼고 다 바꿔라.

• 나를 따르라.

• 나무를 보지 말고 숲을 보아라.

• 남아수독오거서(男兒須讀五車書)

• 내 사전에 불가능은 없다.

• 내가 세상을 버릴지언정 세상이 나를 버리게 하지 않겠다.

- 높이 나는 새가 멀리 본다.
- 마음으로 간절히 바라면 꼭 이루어진다.
- 세상은 넓고 할 일은 많다.
- 고난을 만난 것이 불행한 것이 아니라, 그 고난에 지는 것이 불행한 것이다.
- 세상이 발전하는 이유는 세상을 바로 보는 사람이 있기 때문이 아니라 거꾸로 보는 사람이 있기 때문이다.
- 실패를 두려워하지 말고 성공을 위해 꿈꾸고 도전하라.
- 안 되면 되게 하라.
- 오르고 또 오르면 못 오를 리 없다.
- 우리는 두려움의 홍수에 버티기 위해서 끊임없이 용기의 둑을 쌓아야 한다.
- 운명은 신이 만드는 것이 아니라 내가 만드는 것이다.
- 진취월장(進就越障, 나아가고 나아가서 막힌 곳을 넘는다.)
- 학이시습지 불역열호(學而時習之 不亦說乎, 배우고 그것을 때때로 복습하면 또한 기쁘지 아니한가?)

## 외향대나무 기질의 노래

- **출발** : 아주 멀리까지 가 보고 싶어 그곳에선 누구를 만날 수가 있을지 아주 높이까지 오르고 싶어 얼마나 더 먼 곳을 바라볼 수 있을지
- **넌 할 수 있어** : 너를 둘러싼 그 모든 이유가 견딜 수 없이 너무 힘들다 해도 너라면 할 수 있을 거야 할 수가 있어 그게 바로 너야
- **선구자** : 일송정 푸른 솔은 늙어 늙어 갔어도 한줄기 해란 강은 천년 두고 흐른다
- **앞으로** : 앞으로 앞으로 앞으로 앞으로 지구는 둥그니까 자꾸 걸어나가면 온 세상 어린이를 다 만나고 오겠네

- **위풍당당** : 뚱뚱해도 당당하게 살아 차 없어도 당당하게 걸어가리라 기죽지 말고 당당하게 살아 욕먹어도 당당하게 싸워 가리라

- **바위처럼 살아가 보자** : 바위처럼 살아가 보자 모진 비바람이 몰아친대도 어떤 유혹의 손길에도 흔들림 없는 바위처럼 살아가 보자

- **내가 제일 잘 나가** : 내가 제일 잘 나가 누가 봐도 내가 좀 죽여주잖아 둘째가라면 이 몸이 서럽잖아 넌 뒤를 따라오지만 난 앞만 보고 질주해

- **나는 문제없어** : 너무 힘들고 외로워도 그건 연습일 뿐야 넘어지진 않을 거야 나는 문제없어

- **당돌한 여자** : 일부러 안 웃는 거 맞죠 나에게만 차가운 거 맞죠 알아요 그대 마음을 내게 빠질까 봐 두려운 거죠

- **여성시대** : 화장하고 머리를 자르고 멋진 여자로 태어날 거야 당당하게 좀 더 꿋꿋하게 두 번 다시는 난 울지 않아

- **날아올라** : 할 수 없다 생각지 마 겁내지마 덤벼봐 내 멋대로 내버려 둬 내 뜻대로 가는 거야 가슴속에 모든 꿈이 있잖아 당당하게 부딪친다

- **비상** : 함께 했던 시간들 더는 아파하며 추억하지 마 내가 너를 버렸다는 것 그 하나만 기억해

- **I believe I can fly** : I believe I can fly I believe I can touch the sky

## 외향대나무 기질이 선호하는 일의 특성

- 경쟁적인 분위기에서 하는 일
- 대중 앞에서 시선을 받는 일
- 도전적이며 경쟁적인 일
- 빠르게 변화하는 조직에서 할 수 있는 일
- 새로운 목표 달성을 위해 조직을 이끄는 일
- 새로운 프로젝트를 기획하고 시작하는 일
- 시스템을 효율적으로 정비하는 일
- 전문적 능력을 갖춘 사람들과 상호 교류하는 일

- 조직을 선두지휘하며 통솔하는 일
- 지적 호기심을 자극하는 어렵고 복잡한 일
- 창의적인 아이디어를 실행할 기회가 주어지는 일
- 창조적이고 혁신적인 아이디어로 문제를 해결하는 일

## 외향대나무 기질이 선호하는 직업

경영정보시스템 개발자, 검사, 경기심판, 경영컨설턴트, 광고 및 홍보전문가, 금융관리자, 기업고위임원(CEO), 기업인수합병전문가, 기획·홍보 및 광고관리자, 네트워크관리자, 도시계획 및 설계가, 리스크매니저, 마케팅전문가, 방송기자, 번역가, 법무사, 법학연구원, 변리사, 변호사, 부동산컨설턴트, 사회단체활동가, 상품기획자, 스포츠에이전트, 신문기자, 아나운서, 영업 및 판매관리자, 영화배우 및 탤런트, 외교관, 의약계열 교수, 재무관리자, 전자제품개발 기술자, 정신과의사, 제품생산 관련 관리자, 총무 및 인사관리자, 통역가, 투자분석가, 판사, 평론가, 헤드헌터, 체인점 모집 및 관리영업원

## 외향대나무 기질의 리더십 스타일

- 효율적인 조직이 되도록 새로운 시스템을 도입하고 체계화시켜 변화를 주도한다.
- 변화에 능동적이며, 공격적인 태도를 취한다.
- 문제 상황에 부딪혔을 때 자기 능력을 시험해 볼 수 있는 도전의 장으로 생각한다.
- 장기적인 조직 플랜을 기획한다.
- 조직에 방해가 되는 요소는 사람이든 시스템이든 과감하게 변경하거나 제거할 수 있다.
- 기준이 높으며 칭찬에 인색하다. 잘한 것은 당연한 것으로 여기고, 잘못한 것은 냉철하게 비판하는 경향이 있다.
- 도전적으로 새로운 프로젝트를 많이 시작한다.
- 여러 가지 일을 동시에 진행해서 타 기질의 사람들은 이들의 추진력을 따라가지 못한다.
- 좋고 싫음이 명확하고, 옳고 그름이 분명하다.

## 외향대나무 기질을 위한 조언

- 변화를 위한 변화를 추구하지 않도록 하라.
- 너무 많은 것을 하려고 하지 말고 선택과 집중하라.
- 다른 사람의 정서를 주의 깊게 살피도록 노력하라.
- 경쟁이 아닌 순수한 동기를 개발하도록 하라.
- 조화로운 인간관계를 추구하라.
- 말없이 헌신하는 내향매화 기질의 장점을 배워라.

열정적
독창적

많은 일을
동시에~

뭐~ 이정도는 ~

척

척

# 내향 대나무

이론적인, 독창적인, 독립적인, 회의적인, 논리적인

- 겉과 속이 같다.
- 남에게 의존하지 않고 독립적이다.
- 끊임없이 배우고 공부한다.
- 누군가의 아래 있는 것을 싫어한다.
- 능력 있는 사람이 대우받는 투명하고 경쟁력 있는 조직을 만든다.
- 다른 사람의 말을 쉽게 믿지 않으며 의심해 본다.
- 명확하고 정확한 어휘를 구사한다.
- 미래를 예측하고 늘 준비하여 실행한다.
- 빨리 배운다.
- 비논리적인 것을 논리정연하게 만든다.
- 비논리적인 말을 들으면 화가 난다.
- 문제가 복잡할수록 도전해 보고 싶어 한다.
- 상황을 분석하여 바람직한 방향으로 바꾸려 한다.

- 새로운 가능성을 모색하고 더 나은 것을 찾는다.
- 새로운 이론, 개념, 디자인, 시스템을 구축한다.
- 쉽게 흔들리지 않고 의지가 강하다.
- 스스로에게 비전을 제시한다.
- 예리한 분석력으로 평가한다.
- 원리 원칙주의자이다.
- 자신의 논리적 신념에 따라 행동한다.
- 자신이 좋아하는 것은 끝까지 파고든다.
- 장기적인 미래 비전을 가지고 있다.
- 창의적인 문제 해결력으로 조직을 이끈다.
- 책을 많이 읽는다.
- 최적의 시스템을 만들려고 한다.
- 탐구하는 것을 좋아한다.
- 혼자서도 잘 지낸다.
- 현실에 만족하지 않고 항상 인생에 도전한다.

## 내향대나무 기질의 스트레스

**스트레스가 되는 것**

• 너무 많은 사람과 함께 일하는 것을 요구받을 때

• 다른 사람이 핵심을 벗어난 주변 얘기를 많이 할 때

• 무능한 사람과 같이 일할 때

• 부당하거나 불공정한 일을 할 때

• 엄격한 규칙과 규제 하에서 일할 때

• 일할 때 정에 호소하고 봐달라고 그럴 때

• 정서적 표현을 해야 하거나 요구 받을 때


**스트레스에 사로잡혔을 때의 반응**

• 고립되어 외부와 단절함

• 무시하고 상종하려 하지 않음

대쪽같은 사람

날 좀 이해해줘

- 민감하고 강한 분노 표현
- 사소한 것에도 과도하게 진리를 찾으려 함
- 자신만의 논리 이외는 배척함
- 통제 불능의 기계처럼 움직임

**스트레스에서 벗어나기 위한 방법**
- 땀이 나는 운동을 통해 정신과 신체의 균형을 찾으라.
- 사람들에게 무엇이 가장 중요한지 결정하라.
- 새로운 가능성을 위한 전략이나 탐색에서 벗어나라.
- 에너지를 회복할 혼자만의 시간을 가지라.
- 자신의 속마음을 들어줄 사람을 만나라.

### 내향대나무 기질이 선호하는 격언/속담

- 굶어 죽어도 구걸은 못한다.
- 기하학을 모르는 자 여기로 들어오지 마라.
- 높이 나는 새가 멀리 본다.
- 더 나은 내일을 위하여!
- 뜻이 있는 곳에 길이 있다.
- 리얼리스트가 되자, 그러나 가슴 속에 불가능한 꿈을 담자.
- 만나는 사람에게 무언가를 배우는 자가 가장 현명한 사람이다.
- 배워서 남 주나?
- 변화하지 않는 것은 변화한다는 사실이다.
- 부러질지언정 휘어지지는 않는다.
- 썩어서 없어지기보단 닳아서 없어지자.

- 새도 나무를 가려서 앉는다.
- 아는 것이 힘이다.
- 안 되면 될 때까지.
- 어제보다 나은 오늘, 오늘보다 더 나은 내일을 만들자.
- 일신일일신우일신(日新日日新又日新)
- 책 속에 길이 있다.
- 천상천하 유아독존
- 천재는 99%의 노력과 1%의 재능으로 만들어진다.
- 하루라도 책을 읽지 않으면 입 안에 가시가 돋는다.

## 내향대나무 기질의 노래

- **마지막 승부** : 마지막에 비로소 나 웃는 그날까지 포기는 안 해 내겐 꿈이 있잖아

- **어떤 이의 꿈** : 어떤 이는 꿈을 간직하고 살고 어떤 이는 꿈을 나눠주고 살며 다른 이는 꿈을 이루려고 사네

- **소나무** : 소나무야 소나무야 언제나 푸른 네 빛 쓸쓸한 가을날이나 눈보라 치는 날에도 소나무야 소나무야 변하지 않는 네 빛

- **내 인생은 나의 것** : 내 인생은 나의 것, 내 인생은 나의 것 그냥 나에게 맡겨 주세요

- **왜 불러** : 왜 불러 왜 불러 돌아서서 가는 사람을 왜 불러 왜 불러 토라질 땐 무정하더니

- **My way** : I traveled each and every highway And more much more than this, I did it my way

- **솔아 솔아 푸르른 솔아** : 솔아 솔아 푸르른 솔아 샛바람에 떨지 마라 창살 아래 내가 묶인 곳 살아서 만나리라

- **단심가** : 이 몸이 죽고 죽어 일백 번 고쳐 죽어 임 향한 일편단심이야 가실 줄이 있으랴

- **애국가** : 남산 위에 저 소나무 철갑을 두른 듯 바람서리 불변함은 우리 기상일세
- **나만의 방식** : 거친 사막에 피어난 푸르른 선인장처럼 불꽃같은 삶을 살고 싶어 나만의 방식으로
- **외톨이야** : 외톨이야 외톨이야 외톨이야 외톨이야 봐봐 나를 봐봐 똑바로 내 두 눈을 봐
- **킬리만자로의 표범** : 묻지 마라 왜냐고 왜 그렇게 높은 곳까지 오르려 애쓰는지 묻지를 마라 고독한 남자의 불타는 영혼을 아는 이 없으면 또 어떠리
- **애송이** : 나는 콧대 높은 여자, 시건방진 여자 자신 있음 이리 와봐 애송이들아
- **겸손은 힘들어** : 돌아가신 울 아버지 울 할머니 겸손하라 겸손하라 하셨지만 지금까지 안 되는 건 딱 한 가지 그건 겸손이라네
- **나는 문제없어** : 너무 힘들고 외로워도 그건 연습일 뿐야 넘어지진 않을 거야 나는 문제없어
- **죽어도 못 보내** : 내가 어떻게 널 보내 가려거든 떠나려거든 내 가슴 고쳐내 아프지 않게 나 살아갈 수라도 있게 안 된다면 어차피 못 살 거 죽어도 못 보내

날 좀 이해해줘

## 내향대나무 기질이 선호하는 일의 특성

- 독창적인 아이디어를 발휘해 새로운 시스템을 개발하는 일
- 방해받지 않는 독립적인 공간에서 개인 연구를 할 수 있는 일
- 비판, 분석, 논리적인 일
- 비효율적인 기존의 절차·방식을 개혁하는 일
- 새로운 이론, 절차, 방식을 개발하는 일
- 소집단의 전문성을 갖춘 사람들과 지식을 공유하고 토론하는 일
- 결과물보다 생산 이전 단계의 이론을 체계화하는 일
- 일상적인 잡무를 하지 않아도 되는 일
- 자기 이론을 실험해 볼 수 있는 일
- 장기비전을 기획하고 계획하는 일
- 지나친 규제, 규칙에 얽매이지 않는 일
- 합리성과 공정성을 최우선으로 하는 일

## 내향대나무 기질이 선호하는 직업

경영정보시스템개발자, 건축공학기술자, 검사, 경영컨설턴트, 공학계열교수, 금융자산운용가, 기업고위임원(CEO), 기업인수합병전문가(M&A전문가), 나노공학기술자, 리스크매니저, 마케팅 및 여론조사전문가, 물리학연구원, 반도체공학기술자, 번역가, 법무사, 변리사, 변호사, 산업공학기술자, 상품기획자, 생명과학시험원, 석유화학공학기술자, 수학 및 통계연구원, 시장 및 여론조사관리자, 신문기자, 신용분석가, 약사, 에너지공학기술자, 원자력공학기술자, 의약계열교수, 의약품화학공학기술자, 자연계열교수, 전자계측제어기술자, 정보시스템운영자, 정신과의사, 컴퓨터시스템설계분석가, 통계사무원, 통역가, 투자분석가, 판사, 평론가

## 내향대나무 기질의 리더십 스타일

- 새로운 이론, 개념, 디자인, 시스템을 구축하는 리더이다.
- 계층적 구조에서 발생하는 비효율성을 강하게 반대하며 능력 있는 사람이 대우받는 투명하고 경쟁력 있는 조직을 만든다.
- 비능률적인 모든 절차를 간소화하며, 불필요한 시스템은 과감하게 재정비한다.
- 조용하지만 예리한 분석력으로 직원들을 평가하며, 잘못된 부분은 예리하게 비판한다.
- 창의적인 문제 해결력으로 조직을 이끌어 간다.
- '모든 것이 다 그런 것은 아니다'라는 식으로 회의적인 반응을 보이는 경향이 있다.
- 다른 사람의 말에 공감하는 것이 약하다.
- 스스로 알아서 창의적인 아이디어와 능력으로 문제를 해결하기 원하며, 그 결과에 대해서는 냉정하게 평가한다.
- 많은 사람의 반대에 부딪히더라도 자신이 이루고자 하는 목표를 향해 신념과 원칙을 고수하는 경향이 있다.
- 마음에 없는 말을 하지 않으며, 다른 사람의 기분을 좋게 하는 사탕발림 발언은 잘 하지 않는다.
- 자신과 타인에 대한 기대 수준이 높다. 잘한 것은 당연하게 받아들이는 경향이 있다.

## 내향대나무 기질을 위한 조언

• 겸손한 태도를 개발하라.
• 지적으로 떨어지는 사람들을 용납하라.
• 칭찬과 격려하는 스킬을 개발하라.
• 타인의 감정을 분석하지 말고 공감하라.
• 세상에 대한 불만을 내려놓고 웃어라.
• 결과물을 창출하는 외향매화 기질의 장점을 배워라.

# 3부

# 건강한 사람인가?
# 문제 인간인가?

자신과 다른 사람이 어떻게 다른지 이해하면, 나와 다른 기질을 가진 사람과도 잘 지낼 수 있다. 이 사군자 기질검사는 기질의 차이를 쉽게 이해할 수 있도록 도와준다.

다른 기질과 내가 어떤 점이 다른지를 이해하면, 인간관계에서 해야 할 것과 하지 말아야 할 것을 찾기 쉬워진다. 그리고 갈등을 근본적으로 줄이기 위해서는 자신의 기질을 역기능적으로 사용하는 것을 줄여야 한다.

이 장에서는 사군자 기질검사를 통해 자신의 기질을 긍정적이고 성장 지향적으로 사용하지 못하고 역기능적으로 사용하게 되는 이유를 알게 될 것이다. 그리고 자연의 순리에서 찾은 기질을 성장시키는 방법을 안내한다.

# 과유불급의 문제를 해결하라

　기질은 본질적으로 좋고 나쁜 것을 따질 수는 없지만, 어떻게 사용하느냐에 따라 좋은 열매를 맺을 수도 있고 나쁜 열매를 맺을 수도 있다.

　자기 기질을 긍정적으로 잘 활용하는 사람이 있지만, 자기 기질을 역기능적으로 사용하는 사람도 있다. 기질을 역기능적으로 사용하게 되면 관계에서 갈등을 일으키게 된다.

　기질을 역기능적으로 사용하게 되는 가장 큰 원인은 자기 기질을 과하게 사용할 때 일어난다. 즉, 과유불급의 함정에 빠지는 것이다.

　어떤 것이든 지나친 것은 문제를 일으킨다. 이것은 자연의 이치이다. 마치 하늘에서 내리는 비가 과하면 홍수가 되는 것과 같다. 바람이 좋은 것이지만 과하면 태풍이 된다. 기질도 자연의 이치와 마찬가지로 과하면 다른 사람에게 피해를 주는 역기능적 행동을 유발한다.

　자기 기질을 과하게 사용하지 않으려는 방법은 너무나도 쉽고 간단하다. 자연의 이치를 따르는 것이다.

　사군자는 사계절과 밀접한 관련이 있다. 매화는 봄, 난초는 여름, 국화는 가을, 대나무는 겨울을 대표한다. 자기 기질을 순기능적으로 사용하기 위해서는 다음 계절로 흘러가야 한다. 봄이 여름으로 흘러가듯 매화 기질은 난초로 흘러가야 한다. 달리 말하면, 매화 기질은 난초의 좋은 부분을 배워야 한다는 뜻이다. 매화 기질이 난초의 좋은 부분을 배우게 되면 한쪽에 치우치지 않고 균형을 이루어 자기 기질을 순기능적으로 사용할 수 있게 된다.

# 매화 군자가 되려면

## 재미있게 살아라

매화 기질을 가진 사람이 다른 사람들과 잘 지내려면 재미있게 사는 법을 배워야 한다. 매화 기질은 자신이 해야 할 일을 당연하게 받아들인다. 그래서 항상 준비하고 확인하고 관리한다. 이들의 생활은 검소하고 절제되어 있다. 또한, 일상적으로 반복되는 단조로운 생활을 잘 견딘다.

매화 기질은 책임감 있게 살지만, 난초 기질에게 재미있게 사는 법을 배우지 않으면 과도한 책임감에 빠진다. 과도한 책임감에 사로잡히면 다른 사람들에게 감당하기 힘들 정도의 잔소리를 하게 된다. 잔소리를 좋아하는 사람은 없다.

반대로, 매화 기질이 난초 기질에게 재미있게 일하는 것을 배우면 기본적인 책임감에 재미를 더하여 매우 멋진 모습을 보인다. 스스로 자기 일을 재미있게 할 뿐만 아니라, 다른 사람들에게도 재미있게 일하도록 독려하는 스킬을 사용하게 된다. 그런 사람에게는 주변에서 사람들이 모여들게 된다.

그렇지 않고 잔소리를 많이 하는 매화 기질에게는 사람들이 점점 떠나가게 된다. 결국에는 가족들도 떠나가고 시간이 지날수록 고생은 고생대로 하고 주변에는 자신을 좋아하는 사람이 없는 외로운 인생이 되기 쉽다.

매화 기질이 빠지기 쉬운 대표적인 역기능적 행동은 다음과 같은 것들이다. 책임감을 과하게 사용하면 잔소리가 많아지고, 안정성을 과하게 추구하면 새로운 아이디어를 거부하게 되며, 준비성을 과하게 사용하면 좋은 기회를 놓치고, 마감 시간을 과하게 강조하면 일의 과정을 즐기지 못하고, 걱정을 과하게 하면 새로운 것에 도전하지 못하고, 세밀한 것을 과하게 강조하면 큰 것을 보지 못한다.

외향매화 기질은 잔소리가 많아지고 일의 과정을 즐기지 못하는 역기능에 빠지기 쉽고 내향매화 기질은 새로운 아이디어를 거부하고, 도전하지 못하고, 큰 것을 보지 못하는 역기능에 빠지기 쉽다.

매화 기질이 후회 없는 삶을 살려면 어떻게 해야 할까? 재미있게 사는 것은 저절로 깨닫게 되지 않는다. 난초 기질은 재미있게 노는 것을 가르쳐 주지 않아도 자연스럽게 하지만, 매화 기질은 의도적인 노력이 필요하고 배워야 한다.

매화 기질이 재미있게 살려면 잘 노는 난초 기질에게 배우는 것이 좋다. 만일, 매화 기질이 난초 기질에게서 재미있게 사는 법을 배우지 않으면 매화 기질 본연의 책임감을 과하게 사용하게 된다.

매화 기질이 재미있게 일하는 법을 배우면 책임감을 기본으로 가지고 있으면서 일을 재미있게 하는 사람이 된다. 자기 일을 재미있게 하면서 다른 사람에게 일을 재미있게 하도록 배려하게 된다. 그런 사람은 우리는 과정과 결과에 균형을 이룬 '매화 군자'라고 부른다.

## 과도한 책임감은 잔소리가 된다

외향매화 기질은 신속·정확하게 결과물을 내는 데 집중한다. 재미있게 일하는 난초 기질을 개발하지 않으면 마감 시간 안에 목표 달성하려는 매화 기질을 과하게 사용하게 된다. 그러면 모든 사람이 일사불란하게 같은 목표를 향해 협력하기를 원한다. 이 과정에서 박자를 맞추지 못하는 사람은 외향매화의 지적 대상이 된다. 특히 마감 시간이 임박할수록 지적하는 간격은 더 짧아진다.

외향매화 기질을 가진 사람이 책임감을 과하게 사용하면 마감 시간 넘기는 것을 용납하지 않는다. 그래서 맡은 일이 있으면 무슨 일이 있어도 마감 시간 안에 일을 끝내려고 한다. 그러다 보니 팀원 중 어느 한 명의 비협조로 마감이 미루어진다면, 외향매화 기질은 강하게 분노를 표출한다. 그래서 일의 과정에서 누릴 수 있는 즐거움은 사라지고 오직 마감 시간 안에 끝내는 목표만이 남게 된다.

## 과도한 꼼꼼함은 재미없는 삶을 살게 한다

내향매화 기질은 외향매화 기질 같이 자주 잔소리하지는 않지만, 한번 잔소리를 시작하면 끝을 본다. 그래서 이전에 하지 못했던 것들까지 끌어내 나열한다. 심지어 듣는 사람은 기억하지도 못하는 내용까지 말을 한다. 그때그때 말하지 않고 잊어버리지도 않고 그것을 마음에 간직하고 있다. 이들의 구체적인 기억력은 다른 사람을 놀라게 한다.

내향매화 기질은 안정성을 과하게 추구하여 새로운 아이디어를 거부하는 역기능에 빠진다. 새로운 것을 시도할 때 느낄 수 있는 즐거움을 찾기보다는 익숙한 것을 안전하게 하려고 한다. 조금만 달리 생각해보면 더 좋은 방법이 있어도 고정된 방식을 고수하려고 한다. 인생의 즐거움이 새로운 것을 할 때도 느낄 수 있음을 경험하지 못한다.

또, 이들은 어떤 일을 시작할 때 큰 그림을 그리고 시작하는 것이 아니라, 세세한 부분까지 완벽하게 준비된 이후에 시작하려고 하는 경향이 있다. 그래서 뭔가 결정해야 할 때 정보 수집하는 시간을 많이 보낸다.

# 난초 군자가 되려면

## 인생의 의미와 가치를 찾아라

난초 기질의 사람이 다른 기질의 사람들과 잘 지내려면 인생의 의미를 찾아야 한다. 인생의 의미를 가장 많이 찾는 기질은 국화 기질이다. 난초는 계절적으로 여름을 상징하고 국화는 가을을 상징한다.

난초 기질은 활동적이고, 모험을 즐기며, 감각적이다. 게다가 위기 상황에 대처하는 능력이 뛰어나다. 그들은 유머 감각이 뛰어나고 재미있게 사는 법을 안다. 그래서 어디를 가든지 주변에 친구가 많다.

난초 기질을 가진 사람은 인생을 재미있게 살지만, 자기 기질만을 사용하고 국화 기질을 개발하지 않으면 균형을 잃게 되어 과유불급하게 된다. 그러면 난초 기질의 특성을 과하게 사용하여 타인에게 피해를 주는 역기능적 행동을 하게 된다.

난초 기질이 재미를 과하게 추구하면 쾌락에 빠지게 된다. 쾌락을 추구하는 것이 반복되면 중독에 빠진다. 그래서 중독에 빠지기 쉬운 기질이 난초 기질이다. 그러나 난초 기질이 국화 기질이 추구하는 인생의 의미와 타인을 배려하는 것을 배우면 절제력이 생기게 된다.

재미는 있지만, 의미가 없는 것들은 스스로 하지 않게 된다. 의미를 생각하지 않고 재미를 따라가면 절제력을 상실하기 쉽지만, 재미와 의미를 다 추구하면 재미만을 좇아가지 않게 된다. 그래서 외부로부터의 강압적인 절제가 아니라 스스로 선택하는 절제력을 발휘할 수 있게 된다.

난초 기질이 빠지기 쉬운 대표적인 역기능적 행동은 다음과 같은 것들이다. 재미를 과하게 추구하면 쾌락에 빠지고, 감각적인 활동을 과하게 추구하면 무절제한 삶에 빠지고, 본능을 과하게 추구하면 충동적으로 행동하게 되며, 여유로움을 과하게 추구하면 게으르게 되고, 현재의 행복을 과하게 추구하면 미래가 없는 무책임한 삶을 살게 된다.

외향난초 기질은 쾌락에 빠진 삶, 무절제한 삶, 충동적인 삶에 빠지기 쉽고, 내향난초 기질은 게으른 삶, 미래가 없는 삶의 역기능에 빠지기 쉽다.

난초 기질이 후회 없는 삶을 살려면 어떻게 해야 할까? 여름 기질인 난초 기질은 가을 기질인 국화 기질을 배워야 한다. 여름이 가을을 흡수하듯이 난초 기질은 국화 기질을 수용해야 한다. 국화 기질의 의미를 추구하는 것을 배워야 한다는 뜻이다.

난초 기질은 신명난 삶을 살아가지만, 국화 기질에게서 인생을 의미 있게 사는 것을 배우지 않으면 타인에게 피해를 주는 무절제한 삶을 살게 된다. 난초 기질이 국화 기질에게서 의미 있는 것을 추구하는 것을 배우면 재미와 의미가 균형을 이루게 된다. 재미만 좇아가면 쾌락에 빠지지만, 재미가 있어도 의미 없는 일은 하지 않으려는 결단은 자연스럽게 자기 삶에 절제력을 가지게 만든다.

난초는 외부의 통제에 의한 절제가 되지 않는다. 스스로 가치 있는 것과 없는 것을 구분해서 의미 있는 것을 선택하는 자유 의지를 통해서만 자기 삶을 건강하게 컨트롤 할 수 있다. 삶의 의미와 가치를 우선순위에 두는 난초는 고귀하고 비싼 난초가 된다. 이런 난초를 우리는 '난초 군자'라고 부른다.

## 과도한 재미 추구는 향락과 쾌락에 빠진다

외향난초 기질은 자유로운 영혼이다. 생각은 개방적이며 행동은 자유롭다. 주변 사람들에게 인기가 많다. 순간순간 재미있게 살고 싶은데, 현실은 해야 할 일이 너무 많다. 재미를 쫓아가다 보면 재미없는 것은 하기 싫어한다.

주변에서 요구하는 삶은 이들에게 너무 무거운 짐이다. 차라리 쉬운 무절제한 삶을 선택한다. 외향난초가 삶의 의미를 발견하면 가치 있는 일을 멋있고 재미있는 일로 만들게 된다.

외향난초 기질은 스릴과 모험을 즐긴다. 새로운 장소를 탐색하고 새로운 사람 만나는 것을 꺼리지 않는다. 모험과 스릴을 과하게 추구하면 가족들을 소홀히 하게 된다. 주의가 산만하고 한 가지 일을 오래 하지 못하며 금방 싫증낸다. 쉽게 흥분하고 심한 감정 변화를 보인다. 조급하여 자신이 원하는 것을 당장 얻지 못하면 화를 참지 못한다. 돈을 아껴 쓰지 못해 미래를 위해 저축하는 것은 불가능하다.

## 과도한 여유는 게으름을 낳는다

내향난초 기질은 만사가 여유롭다. 낙천적이고 긍정적이다. 알아서 잘 될 것이라는 여유를 과하게 추구하면 노력을 하지 않는다. 열성이 부족하고 적당한 선에서 현실과 타협하여 안주하려고 한다. 또한, 꿈과 목표를 가지고 살지 않고 있어도 그만 없어도 그만인 태도를 가지게 된다. 새로운 목표를 두고 그것을 성취하기 위해 노력하는 모습을 보이지 않는다. 야망도 꿈도 없다.

# 국화 군자가 되려면

## 논리와 친구가 되어라

국화 기질이 다른 사람들과 잘 지내려면 논리적으로 사고하는 법을 배워야한다. 가장 논리적인 기질은 대나무 기질이다.

국화 기질은 이해심과 동정심이 많아 이타적이고 다른 사람과 조화로운 관계에서 일하기 좋아한다. 이들은 일의 의미와 가치를 중시하고 사람의 중요성을 강조한다. 반면, 국화 기질이 자기 기질만을 사용하고 대나무 기질을 개발하지 않으면 한쪽으로 치우쳐 균형을 잃게 된다. 그러면 국화 기질의 특성을 과하게 사용하여 타인에게 손해를 끼치는 역기능적 행동을 하게 된다.

타인을 배려하는 것을 과하게 사용하면 자신은 점점 없어지고 타인의 삶을 살게 된다. 국화 기질이 타인을 배려하는 특성을 과하게 사용할 때 나타나는 초기 증세는 결정 장애이다.

국화 기질이 대나무 기질의 논리와 분석을 배우게 되면 객관적인 시야를 확보하게 된다. 자신과 타인을 객관적으로 분석할 수 있게 되며, 거절해야 할 상황에서 거절하는 힘을 가지게 된다.

국화 기질이 빠지기 쉬운 대표적인 역기능적 행동은 다음과 같다. 조화로운 관계를 과하게 추구하면 자기 존재가 없어지고, 동정심을 과하게 추구하면 경계선이 불분명해지고, 타인을 지나치게 배려하면 우유부단하게 되고, 이상을 과하게 추구하면 비현실적이 되고, 주변 환경을 과하게 고려하면 돌파하지 못한 채 쉽게 타협하는 무능한 역기능에 빠지게 된다. 외향국화 기질은 경계선의 불분명, 존재감 상실, 막연하게 추측하는 역기능에 빠지기 쉽고 내향국화 기질은 의존적, 우유부단, 비현실적, 무능해지는 역기능에 빠지기 쉽다.

국화 기질이 후회 없는 삶을 살려면 어떻게 해야 하는가? 국화 기질은 그들이 속한 곳에서 따뜻한 마음을 잘 나타내지만, 대나무 기질의 논리성과 객관성을 배우지 않으면, 성과에 집중하지 못하고 다른 사람과의 관계에서 갈등을 해결하는데 너무 많은 에너지를 사용하게 된다. 그래서 사람은 착하고 좋지만, 성과를 내지 못해 조직에서 능력을 인정받지 못하는 사람이 된다.

반대로 대나무 기질의 분석력, 논리성, 객관성을 배우게 되면 다른 사람을 배려하는 바탕 위에 장기적인 안목에서 목표를 세우고 성과를 창출할 수 있는 시스템을 확보하게 된다. 이런 사람을 우리는 따뜻한 카리스마를 가진 '국화 군자'라고 부른다.

## 과도한 친절은 경계를 침범한다

외향국화 기질은 모두가 화목한 분위기에서 한마음으로 일하기 원한다. 대나무 기질을 개발하지 않으면 팀의 화목한 분위기 만드는 데에 에너지를 과하게 사용하게 된다. 그러면 조직의 목표 달성을 위한 시간보다 팀원 간에 갈등 해결하는 데 더 집중하게 된다. 이 과정에서 목표 중심적인 사람과 관계 중심적인 사람 사이에 갈등이 생길 수 있다.

목표 중심적인 사람은 일정 부분 서로 오해와 상처가 있어도 조직 전체를 위해서 감수해야 한다는 입장이지만, 관계 중심적인 사람은 조직성과를 뒤로 미루어서라도 상호 관계를 회복시키는 것이 우선임을 강조한다. 그래서 갈등을 해결하기 위해 여러 사람에게 말을 하게 되는데, 그것이 원하지 않는 소문으로 증폭된다. 그러다 결국, 상처를 해결하기 위해 나서지만, 오해는 깊어진다. 갈등을 해결하려는 의도와는 달리 갈등의 중심에 서 있는 자신을 발견한다.

외향국화 기질은 동정심이 많아 경계선이 불분명해질 때가 있다. 이들은 마음이 여리고 정에 약하여 불쌍한 사람을 보면 그냥 지나치지 못한다. 정서적인 감수성이 예민하여 슬픈 드라마에 눈물을 많이 흘린다. 다른 사람의 슬픔을 마치 자기 것으로 받아들인다. 자기 사정이 여의치 않아도 거절해야 하는 상황에서 거절을 하지 못하고 타인에게 퍼주게 된다. 때로는 관여하지 않아도 되는 상황에서 다른 사람의 정서에 침범한다. 타인을 도와주기 위해 자기 중요한 업무를 하지 못하는 우선순위의 문제가 발생한다.

## 과도한 배려는 결정 장애를 일으킨다

내향국화 기질은 타인을 지나치게 배려하면 자기 존재가 없어지는 역기능에 빠진다. 조화로운 관계를 위해 자신이 원하는 것을 하지 않고 타인이 원하는 것을 하려고 한다. 타인 중심적인 삶은 어느 순간 자기 안에 싱크홀을 만든다. 그래서 내가 누구이고 무엇 때문에 이렇게 살고 있는지에 대한 의문을 가지게 된다.

내향국화 기질이 타인을 지나치게 배려하면 우유부단하게 된다. 자기 주관이 없이 타인의 말에 의해 자기 존재 가치를 평가하게 된다.

또, 주변 사람들의 말에 의해 의사 결정이 쉽게 바뀌게 되고 자신이 결정한 것에 대해 확신을 가지지 못하게 된다.

내향국화 기질은 이상을 과하게 추구하면 비현실적인 신비주의자가 될 수 있다. 자신이 원하는 이상과 반대되는 현실에 직면하면 개선하기 위해 노력하기보다 혼란스러워한다. 그래서 장애물을 극복하기 위해 투쟁하지 않고 쉽게 포기한다. 때로는 문제를 해결하기 위해 자신감을 가지고 스스로 방법을 찾지 않고 누군가가 해결해 주기를 바라기도 한다. 이들은 자존감이 낮고 이상적인 다른 사람이 되고 싶어 한다.

# 대나무 군자가 되려면

## 실제적인 결과물을 추구하라

대나무 기질이 다른 사람들과 잘 지내려면 실제적인 결과물을 추구하는 법을 배워야 한다. 현실적인 결과물에 가장 관심이 많은 쪽은 매화 기질이다.

대나무 기질은 비전 성취를 위한 열망이 강하고 도전적이다. 목표 의식이 강하고 주도적으로 문제를 해결해 나간다. 분석적으로 세분화하고 논리적으로 체계화한다. 새로운 지식에 개방적이며, 배우는 것을 즐겨한다. 그러나 대나무 기질이 자기 기질만을 사용하고 매화 기질을 개발하지 않으면 한쪽으로 치우쳐 균형을 잃게 된다. 그러면 대나무 기질의 특성을 과하게 사용하여 타인에게 손해를 끼치는 역기능적 행동을 하게 된다.

대나무 기질이 지적 욕구를 강하게 추구하게 되면 이론에 치우치게 된다. 이론을 위한 이론, 논리를 위한 논리의 함정에 빠지기 쉽다.

또, 자기 이론과 논리가 다른 사람 것보다 더 정교하고 우월하기 때문에 다른 사람들의 의견을 무시하고 타협하지 않으려는 고집을 부리게 된다.

대나무 기질이 매화 기질의 실제적인 결과물을 창출하는 것을 배우게 되면 대나무 기질은 자기 이론이 실제적인 결과물을 만들어 낼 수 있는지를 검토하게 된다. 그러면 대나무 기질은 이론을 바탕으로 실생활에 필요한 것들을 만들어 낼 수 있는 창의성을 발휘하게 된다.

대나무 기질이 빠지기 쉬운 대표적인 역기능적 행동은 다음과 같다. 객관성을 과하게 추구하면 공감을 못하게 되고, 논리를 과하게 추구하면 타인을 냉정하게 대하고, 경쟁을 과하게 하면 파괴하게 되고, 개혁을 과도하게 추구하면 불안하게 되고, 지식을 과하게 추구하면 타인을 무시하게 되고, 탁월성을 과하게 추구하면 비판적이게 되고, 이론을 과하게 추구하면 이론을 위한 이론을 만들게 되고, 자립성을 강조하면 화합을 파괴하는 역기능에 빠진다. 그래서 외향대나무 기질은 파괴적이고 타인을 무시하고 수용하지 못하는 역기능에 빠지기 쉽고, 내향대나무 기질은 공감하지 못하고, 무시하고, 비현실적 이론을 추구하는 역기능에 빠지기 쉽다.

대나무 기질이 후회 없는 삶을 살려면 어떻게 해야 하는가? 그것은 자기 이론과 지식이 이론을 위한 이론, 지식을 위한 지식이 되지 않도록 주의해야 한다는 점이다. 대나무 기질에게는 지식 자체가 논리성을 가지고 있기 때문에 만족감을 줄 수 있어 결과물이 나오지 않아도 그 자체에 심적인 만족감을 느낀다. 그러므로 자기 이론이 현실에서 어떤 결과물을 만들어내는지 크게 관심이 가지 않을 수 있다.

만약 대나무 기질이 매화 기질의 실제적인 결과물을 만들어 내는 것을 배우게 되면 깊이 있는 지식과 이론을 바탕으로 많은 사람에게 실제적인 도움을 주는 새로운 제품을 많이 개발할 수 있게 된다. 이런 사람을 우리는 시대를 개척하는 '대나무 군자'라고 한다.

## 과도한 혁신은 파괴를 낳는다

외향대나무 기질은 다른 사람보다 더 잘하고자 하는 경쟁심이 있다. 그래서 더 높게 더 멀리 더 빠르게 목표에 도달하고 한다. 대나무 기질이 경쟁할 때 실제적인 성과를 위해 나가지 않고 경쟁자를 이기기 위한 것이 목표가 되면 파괴적인 행동을 하게 된다.

외향대나무는 개혁적이고 혁신적이다. 새로운 변화를 주도하며 장기적인 목표를 향해 나아간다. 변화를 주도하는 외향대나무 기질은 안정을 추구하는 사람들과 갈등하게 된다. 기존의 전통을 무시한 개혁은 기득권의 엄청난 반발을 야기한다. 두 세력의 싸움으로 인해 고래 싸움에 새우 등 터지는 일들이 생긴다. 혜택을 받아야 할 사람들이 도리어 어려움에 처하는 일들이 생긴다.

## 과도한 논리는 논리를 위한 논리의 함정에 빠진다

내향대나무 기질은 논리적이다. 논리성을 과하게 추구하면 다른 사람의 정서를 감지하는 능력이 떨어진다. 슬픈 영화를 봐도 감동이 없고 옆에 슬픔에 잠긴 사람이 있어도 자신과는 상관없는 일로 치부한다. 가까운 사람이 공감해 달라고 요청해도 문제의 원인을 분석하는데 더 치중한다. 그래서 이들은 비합리적 감정을 존중하지 않고, 감정도 논리적으로 이해될 때 수용하려는 태도를 가진다.

내향대나무 기질은 독립적이다. 스스로 자기 일을 처리하고 다른 사람에게 의존하지 않는다. 외부의 압박에 개의치 않고 평정심을 유지한다. 또, 다른 사람과 같이 일하는 것을 불편해하고 혼자 일하는 것을 더 좋아한다. 즉, 자기중심적이고 이기적이라고 볼 수 있다.

내향대나무 기질은 이론적이다. 논리적 체계성으로 이론을 확립하기 좋아한다. 이론을 적용했을 때 어떤 결과물이 나오는지 검토하지 않고 이론만을 과하게 추구하면 이론을 위한 이론 논리를 위한 논리의 함정에 빠진다. 이들은 이론을 현실에 적용하는 것은 부담스러워 하기도 한다.

내향대나무 기질은 이론이 합리적이면 그 자체로 만족감을 느낀다. 그것이 현실에서 어떤 결과물을 창출할 것인가는 부차적인 문제이다. 그래서 똑똑하지만 현실에서 쓸모없는 이론을 만드는 사람이 될 수 있다.

# 4부

# 다른 기질과의
# 갈등 해결하기

모든 인간관계에는 필연적으로 갈등이 존재한다. 갈등이 존재한다는 것이 문제가 아니라, 갈등을 어떻게 해결해야 하는지 알지 못하는 것이 문제이다.

인간관계의 갈등은 욕구의 충돌로 볼 수 있다. 서로가 원하는 것이 다르기 때문에 갈등한다. 갈등을 해결하기 위해서는 상대방의 욕구가 무엇인지 이해해야 한다. 욕구는 보편적인 속성으로 획득되기보다는 타고나는 것으로 기질과 밀접한 관련이 있다.

기질을 이해하면 상대방의 욕구를 이해할 수 있다. 갈등을 해결하기 위해서는 상대방의 욕구를 채워주기 위해 무엇을 해야 하는지, 무엇을 하지 말아야 하는지 찾는 것이 아주 쉬워진다.

# 다른 기질과의 갈등 해결하기

어떻게 하면 다른 기질과 한 팀이 되었을 때 갈등을 줄이고 좋은 성과를 이룰 수 있을까?

서로 다른 기질이지만, 기질에 따라 갈등 관계가 되기 쉬운 조합이 있다. 가장 쉽게 예측할 수 있는 것이 내가 가진 기질과 반대 기질과의 만남이다. 표1에서 보는 바와 같이 매화 기질과 난초 기질 사이에 -.64로 높은 부적 상관을 보이고, 국화 기질과 대나무 기질 사이에 -.52의 높은 부적 상관을 보여 상반된 관계임을 보여준다. 외향-내향이 조합되면 외향매화와 내향난초, 내향매화와 외향난초, 외향국화와 내향대나무, 내향국화와 외향대나무 관계가 반대 기질이 된다.

반대 기질이 아니라도 관계에서 다양한 기질 조합에서 다양한 갈등을 보일 수 있다. 반대 기질이라 해서 꼭 갈등 관계가 되는 것은 아니다. 기질적으로 추구하는 방향이 많이 다르다는 것이다.

표1. 사군자 기질검사의 요인 간 상관 (N=1,066)

| | 매화기질 | 난초기질 | 국화기질 | 대나무기질 | 문항수 |
|---|---|---|---|---|---|
| 매화기질 | - | -.64*** | -.25*** | -.15 | 11 |
| 난초기질 | | - | -.14*** | -.19*** | 13 |
| 국화기질 | | | - | -.52*** | 12 |
| 대나무기질 | | | | - | 13 |

*** p<.0001

김종구, Keirsey 이론과 외향-내향을 활용한 사군자 기질검사 개발,
백석대학교 기독교전문대학원, 박사학위논문, 2013, p75

이번 장에서는 그중에서 반대 기질을 중심으로, 갈등을 경험하기 쉬운 기질들과 함께 일하게 되었을 때 일어날 수 있는 갈등상황을 예측해 보고, 문제 해결하는 과정을 3단계로 제시하고자 한다.

1단계. 자신의 기질과 상대방의 기질을 파악한다.
2단계. 관계를 파괴하는 자신의 역기능적 행동을 파악하고 그만둔다.
3단계. 갈등 해결을 위해 상대방에게 해야 할 것을 찾는다.

이 세 가지 단계는 단순하지만, 모든 기질에게 동일하게 적용할 수 있는 효과적인 갈등 해결 방법이다. 이 세 가지 단계를 따라하면 각 기질에 제시된 방법을 따라 해 본다는 좋은 효과를 얻을 것이다.

# 매화 기질이 갈등을 해결하는 법

다음은 우리 주위에서 많이 겪는 갈등이다. 이 예시를 통해 매화 기질은 어떻게 갈등을 풀어가는지 알아보자.

## 외향매화 기질이 내향난초, 내향국화 기질과 갈등을 해결하기

최열심 팀장은 능력을 인정받아 동료들보다 빨리 팀장이 되었다. 책임감 있게 열심히 일하고 무슨 일을 맡겨도 성과를 잘 내는 팔방미인이었다. 활력이 넘치고 사리분별력이 뛰어나고 주도적으로 일했다.

그런데 팀장이 되고 나서 팀원과의 사이에서 몇 가지 문제가 발생했다. 팀원 중에 김느긋, 왕배려 팀원이 자신이 원하는 일정 안에 일을 마무리하지 못했다. 이런 팀원을 보다 답답한 마음에 최열심 팀장은 팀원의 일을 빼앗아 자신이 대신 하기도 했다.

최열심 팀장은 일을 시작할 때마다 팀원들에게 일정 안에 마무리할 것을 강조하고 다짐을 받고 언성을 높여 보았지만, 사람들과 사이만 나빠지고 팀원들이 자신을 피하기 시작했다. 최열심 팀장은 일정을 맞추기 위해 팀원들을 챙겼는데, 오히려 팀원들은 스트레스를 엄청 받았다. 김느긋 팀원은 견디다 못해 회사를 그만두겠다고 하고 왕배려 팀원은 쳐다만 봐도 깜짝깜짝 놀라는 경직 증상을 보였다. 그래서 **최열심** 팀장은 사군자 기질검사를 소개받아 팀에 적용해 보기로 했다.

---

1단계. 검사를 통해 자신은 외향매화 기질이고 **김느긋** 팀원은 내향
난초, **왕배려** 팀원은 내향국화 기질이라는 것을 알게 되었다.

2단계. 관계를 파괴하는 자신의 역기능적 행동을 찾았다.

3단계. 갈등 해결을 위해 해야 할 것이 무엇인지 찾아보았다. 해야
할 것을 하지 않고 있는 것이 무엇인지 알기 위해 내향난초와
내향국화 기질이 좋아하는 것이 무엇인지 생각해 보았다.

---

내향난초 기질인 **김느긋** 팀원은 재미있고, 여유롭게 일하는 것을 좋아했다. **최열심** 팀장은 처음에는 속이 부글부글 끓었지만, 의도적으로 참견을 줄이고 **김느긋** 팀원이 하는 일을 지켜보기로 했다. 그리고 **김느긋** 팀원에게 재미있게 일 해보자고 제안했다. 본인 스스로도 재미있게 일하려고 다짐하고 노력했다. 이전에 못마땅한 눈으로 보던 태도를 바꾸어 미소로 대하려고 했다. 콧노래도 불러보고 어떻게 하면 재미있게 일할 수 있을까를 생각하고 방법을 찾았다.

이렇게 **최열심** 팀장은 **김느긋** 팀원에게 재미있는 방법으로 일을 지시하려고 노력했다. **최열심** 팀장은 자신이 재미있게 사는 것이 팀원들과의 관계에 많은 변화를 가져온다는 것을 느끼기 시작했다.

내향국화 기질인 **왕배려** 팀원은 온화한 목소리와 칭찬을 좋아했다. **왕배려** 팀원에게 칭찬해줄 것이 무엇인지 생각해 보고 칭찬 한 마디로 만남을 시작했다. 그는 평소에 팀장이 지적하는 것으로 시작했을 때 주눅이 들어 있었는데, 칭찬 한마디에 생기 있는 얼굴로 변했다. 실수가 줄어들고 피하기만 하던 사람이 농담까지 했다. 전에는 지적당하는 것이 무서워 정신이 혼미하여 실수를

많이 했는데 지금은 일을 편안하게 잘한다.

## 내향매화 기질이 외향난초 기질과 갈등을 해결하기

장꼼꼼 팀장은 눈에 띄는 직원이 아니었지만, 시간이 지날수록 성실성을 인정받아 팀장이 되었다. 실수를 하지 않고 하나부터 열까지 부지런하고 꼼꼼하게 일을 처리했다. 그는 '움직이는 육법전서'라는 별명이 붙을 정도로 정확하고 믿을 수 있는 사람이었다. 그래서 어떤 일에서든 계획과 절차를 중시하여 한 번 맡은 일은 철두철미하게 관리해서 빈틈없는 직원이라는 평을 들었다. 그런데 팀장이 되고 나서 팀원과의 사이에서 몇 가지 예기치 못한 문제가 발생했다.

팀원 중에 특별히 한단순 팀원을 이해하거나 마음으로 수용할 수 없었다. 앞에서 말은 청산유수 같이 잘하는데 실제로는 일을 제대로 하지 않았다. 막상 일을 한 것도 너무 허술하고 빈틈이 많아 처음부터 다시 해야 할 지경이었다. 그래서 참다못해 몇 가지 지적을 해도 듣는 것 같지도 않다. 대충 해도 문제없다는 식으로 말하는 기본이 안 된 태도에 열 받아 죽을 지경이다. 장꼼꼼 팀장은 사군자 기질검사를 소개받고 팀에 적용해 보기로 했다.

---

1단계. 검사를 통해 자신은 내향매화 기질이고 한단순 팀원은 외향
　　　　난초 기질이라는 것을 알게 되었다.
2단계. 관계를 파괴하는 자신의 역기능적 행동을 찾았다.
3단계. 갈등 해결을 위해 해야 할 것이 무엇인지 찾아보았다. 해답을
　　　　찾기 위해 외향난초 기질이 무엇을 좋아하는지 생각해 보았다.

---

장꼼꼼 팀장은 자신의 기질인 내향매화 기질을 과하게 사용하여 발생하는 역기능적 행동이 무엇인지 살펴보았다. 내향매화 기질은 정확하게 일 처리하기 위해 생각하는 시간이 너무 많다는 것을 알게 되었다.

장꼼꼼 팀장은 이름처럼 정확한 결과를 얻기 위해 생각하고 또 생각하는 습관이 있었다. 그러다 보니 일을 빨리 시작하지 못하고 철두철미하게 준비하느라 많은 시간을 보냈다.

그간 장꼼꼼 팀장은 세세한 부분까지 챙기느라 전체적인 큰 그림을 놓치는 일이 있었다. 자신이 하지 말아야 할 것 중에 가장 시급한 것은 과도한 걱정과 염려를 내려놓는 것이었다. 자신을 향한 과도한 책임감에서 벗어나 팀 전체로 시야를 돌리는 것과 팀원들이 믿음직스럽지 못해도 일단 일을 맡기고 진행하는 것이 시급했다.

장꼼꼼 팀장은 평소에 한단순 팀원에게 심각하게 대했다. 스스로도 회사에서 재미있게 일하려고 하지 않았고, 한단순 팀원에게 재미있게 일할 수 있는 환경을 만들어 주려고 노력하지도 않았다. 그래서 한단순 팀원을 위해 어떻게 하면 재미있게 일 할 수 있을까를 고민하다 재미있게 일하는 방법을 하나하나 점검해 보았다.

그러자 몇 가지 실천할 수 있는 아이디어가 떠올랐다. 그래서 장꼼꼼 팀장의 팀에서는 매일 업무 시작하기 전에 유머 하나를 이야기하는 것으로 시작했다. 처음에는 많이 썰렁했다. 자신도 익숙지 않고 팀원들도 팀장의 유머를 받아들일 준비가 되어 있지 않았다. 처음에 직원들은 의외라는 반응이었지만, 그의 유머를 반기는 기색을 보였다. 매일 반복되는 유머를 통해 팀 분위기가 이전과 많이 달라졌다.

또, 한단순 팀원에게는 게임법칙을 적용하여 일을 해 보도록 하였다. 게임법칙에서 가장 중요한 것은 이기는 사람에게 포상이 주어지는 것이다. 한단순 팀원은 먹는 포상을 좋아했다. 작은 것이라도 포상이 주어지면 신기하게도 목숨을

걸고 했다. 시간을 단축시키면 휴식 시간을 늘려주는 포상도 효과적이었다. 그러자 시키기도 전에 먼저 자신이 일을 제안하고 포상을 요구하는 변화를 보였다. 한단순 팀원은 더 이상 골칫거리가 아니라 팀에 없어서는 안 될 분위기 메이커이다. 장꼼꼼 팀장은 한단순 팀원에게 재미있게 사는 법을 배우게 되었다.

# 난초 기질이 갈등을 해결하는 법

다음은 우리 주위에서 많이 겪는 갈등이다. 이 예시를 통해 외향 난초 기질이 내향매화, 내향대나무 기질과의 갈등을 어떻게 풀어가는지 알아보자.

## 외향난초 기질이 내향매화, 내향대나무 기질과 갈등 해결하기

**이기쁨** 팀장은 끼와 능력을 겸비한 팀장으로 특별히 위기관리 능력이 뛰어난 문제 해결사로 통한다. 그래서 팀 분위기를 활기차게 만들고 재미있는 분위기를 만드는 데 앞장선다. 문제의 핵심을 빨리 파악하고 빠른 실행력으로 성과를 올린다.

**이기쁨** 팀장은 정해진 절차보다 여러 가지 방법을 시도해 보기 좋아한다. 그러다 보면 그중에 가장 좋은 것을 알게 되고 자연스럽게 문제 해결이 빨라진다. 모든 것을 고정하지 않고 상황에 따라 유연하게 대처하는 것이 장점이다.

그런데 팀원 중에 **김신중** 팀원과 **최논리** 팀원의 일하는 방식이 마음에 들지 않는다. 딱 보면 업무 지시를 하지 않아도 자기가 무엇을 해야 할지 뻔히 보이는데, 그들은 좀처럼 움직이질 않고 책상에 앉아 무슨 생각을 하며 시간을 보내는지 모르겠다. 누구를 만나든지 움직여야 일이 진행될 것인데 계획 세우고 서류 정리하느라 시간 다 보내는 꼴이 한심하다. 이왕 하는 것 재미있게 해야

능률이 오를 것인데, 두 사람은 세상 근심 혼자 다 지고 가는 것 같이 인상 쓰고 있다. 동시에 여러 가지 일을 할 수 있는데, 하나를 붙들고 몇 날 며칠을 헤매는 것 같다. 한 번에 몇 가지 일을 던져주면 정신을 못 차린다.

팀원으로 인해 한참 고민하던 **이기쁨** 팀장은 사군자 기질검사를 소개받고 팀에 적용해 보기로 했다.

---

1단계. 검사를 통해 자신은 외향난초 기질이고 **김신중** 팀원은 내향매화, **최논리** 팀원은 내향대나무 기질이라는 것을 알게 되었다.
2단계. 관계를 파괴하는 자신의 역기능적 행동을 찾았다.
3단계. 갈등 해결을 위해 해야 할 것이 무엇인지 찾아보았다. 해야 할 것을 하지 않고 있는 것이 무엇인지 알기 위해 내향매화와 내향대나무기질이 무엇을 좋아하는지 생각해 보았다.

---

**이기쁨** 팀장은 자신의 기질인 외향난초 기질을 과하게 사용하여 발생하는 역기능적 행동이 무엇인지 생각해 보았다. 재미를 과하게 추구하면 쾌락이 되고, 여유를 과하게 추구하면 마감을 놓치고, 자유를 과하게 추구하면 방탕한 행동을 한다.

**이기쁨** 팀장은 격의 없이 지내는 재미있는 팀을 만들려고 했는데 도리어 권위가 떨어지고 위계질서가 약한 팀이 되는 것 같았다. 자신이 하지 말아야 할 것 중에 가장 시급한 것은 신중치 못하고 충동적으로 하는 의사결정이었다. 그래서 신중한 결정을 위해 **김신중** 팀원과 **최논리** 팀원에게 의견을 물어보고 조언을 구하기로 했다. 그리고 의미와 가치를 생각하는 것이 의사결정에 도움이 되었다. 이렇게 어떤 일을 두고 서로 의사결정 할 때 얼마나 의미 있고 가치 있는 것인가의 기준을 가지는 것은 여러 사람이 함께 일할 때 꼭 필요하다.

내향매화 기질인 **김신중** 팀원은 순서에 따라 일하는 것을 좋아했다. 결정하기 전에 현실적으로 원하는 것을 얻을 수 있는지 충분하게 정보 수집하기를 원했다. 그래서 **김신중** 팀원에게는 검토할 수 있는 정보와 시간을 더 많이 주기로 했다. 내향대나무 기질인 **최논리** 팀원은 왜 해야 하는지 알고 싶어 했다. 그냥 하면 되는데, 정당성과 근거를 확보하기 원하는 **최논리** 팀원이 사실 부담스러워 처음부터 큰 주제를 주고 **최논리** 팀원에게 전체적인 구상을 먼저 해보라고 기회를 주었다. 그러자 사사건건 시비를 걸던 **최논리** 팀원이 전에 볼 수 없었던 적극성으로 팀원들을 설득하며 일을 주도하기 시작했다. **최논리** 팀원은 더 이상 안티가 아니라, 우리 팀의 브레인이 되었다.

## 내향난초 기질이 외향매화, 외향대나무 기질과의 갈등을 해결하기

**한여유** 팀장은 깊은 물이 소리 없이 흐르듯, 있는 듯 없는 듯 일을 하는 존재이다. 언제나 낙천적이고 느긋하다. 급한 일이 있어도 안달하는 모습을 좀처럼 보기 힘들다. 다른 사람에게 의존하지 않고 자신의 일을 말없이 묵묵히 한다. 또, 그는 타고난 장인으로 도구를 잘 다루며 정교하고 예리한 오감을 가지고 있다. 무엇보다도 자유로운 영혼을 가지고 있으며 오는 사람과 가는 사람 막지 않는다. 흐르는 강물처럼 자연스럽게 흘러가는 대로 수용한다. 팀을 직접 앞에 나서서 이끌어 가기보다 참모를 세워 대신 관리하도록 하는 스타일이다.

그러나 팀장이 되고 나서 팀원 중에 특별히 **정잘난** 팀원과 **이최고** 팀원이 자신의 권한을 침범해 들어오는 것 같아 심히 불편하다.

두 사람은 주도적으로 일하는 것은 좋은데 말이 너무 많고 잘난 척하는 것 같다. 단 한 번이라도 조용히 넘어간 적 없이 일일이 따지고 드는 것도 부담스럽고 불편하다. 그냥 알아서 자기 일을 잘하면 좋겠는데 사람들이 모인 조직이라는 것이 참으로 사람을 피곤하게 한다.

따지고 들어도 그 일이 그 일인데 왜 물고 늘어져 서로 상처를 주는지 답답하다. 초대받지 않는 자리에 앉아 있는 기분이다. 그래서 한여유 팀장은 사군자 기질검사를 소개받고 팀에 적용해 보기로 했다.

---

1단계. 검사를 통해 자신은 내향난초 기질이고 정잘난 팀원은 외향매화, 이최고 팀원은 외향대나무 기질이라는 것을 알게 되었다.

2단계. 관계를 파괴하는 자신의 역기능적 행동을 찾았다.

3단계. 갈등 해결을 위해 해야 할 것이 무엇인지 찾아보았다. 해답을 찾기 위해 외향매화 기질과 외향대나무 기질이 무엇을 좋아하는지 생각해 보았다.

---

내향난초 기질은 혼자만의 자유와 여유를 과하게 사용하여 역기능적 행동을 한다. 과도한 개인적 자유를 추구하여 팀원들과의 의사소통에 소홀하게 되었다. 과도하게 여유를 부리다 팀장으로 전체 일정을 관리하지 못하여 기한을 넘기는 일들이 생겼다. 알아서 잘 될 것이라는 과도한 여유가 열심히 분투해야 할 상황에서도 노력을 하지 않는 경우도 있었다. 리더로서 조직에 비전을 제시하고 팀원들에게 목표를 향해 매진하도록 독려해야 하는데 현실에 안주하기도 했다. 이런 점은 팀원들에게 의지도 없고 열정이 없는 모습으로 보일 수 있었다.

그는 사람에 대한 사랑, 가치, 관계의 의미를 찾아야 했다. 내향난초 입장에서 혼자 있는 시간이 자유롭고 좋았지만, 다른 사람과 함께하는 것에 더 큰 가치와 의미를 찾으려고 했다.

외향매화 기질과 외향대나무 기질은 모두 명확한 의사소통을 좋아했다. 팀장이 원하는 것이 무엇인지 분명하게 밝혀 주길 기대했다.

그들에게 팀장의 존재감을 높여 주어야 했다. 자율성을 많이 부여하는 것은 팀원들이 좋아하는 것이지만, 팀원들은 팀의 방향성을 알기 원했다. 큰 그림의 비전을 제시하는 것을 팀장의 역할인데 한여유 팀장은 앞에 나서서 팀의 방향성을 제시하는 것을 꺼렸다.

사군자 기질검사를 한 후 한여유 팀장은 팀원들에게 외향매화, 외향대나무 팀원을 위해 육하원칙에 따라 왜, 무엇을, 언제까지, 어떻게 할 것인지 틀을 가지고 전달하려고 노력했다. 그렇게 하자 자신감이 생기고 팀원들과 소통하는 것이 늘어나기 시작했다. 조용하던 팀이 공유하는 것이 많아지면서 더욱 열정적이고 활기찬 팀이 되었다.

# 국화 기질이 갈등을 해결하는 법

다음은 우리 주위에서 많이 겪는 갈등이다. 이 예시를 통해 외향국화 기질이 내향대나무, 외향대나무 기질과의 갈등을 어떻게 풀어가는지 알아보자.

### 외향국화 기질이 내향대나무, 외향대나무 기질과 갈등을 해결하기

오평화 팀장은 열정적으로 타인의 성장을 도와주는 팀장이다. 그래서 되도록 팀원들의 단점보다 장점과 성장 가능성을 보려고 한다.

오평화 팀장은 칭찬을 잘하고 팀원들에게 동기부여를 잘한다. 그런데 팀원 중에 특별히 잘난 척하는 최분석 팀원과 왕혁신 팀원 때문에 일할 맛이 나지 않고 스트레스를 받는다. 두 팀원 앞에만 서면 주눅이 들고 하염없이 작아지는 것 같은 느낌이 든다. 그래서 오평화 팀장은 이들 앞에서 행여 말실수를 하지 않을까 긴장이 되어 하고 싶은 말을 편하게 할 수 없다.

또, 오평화 팀장은 매일 두 팀원의 얼굴만 보면 체크를 당하는 기분이 든다. 팀장임에도 불구하고 두 사람의 눈치를 본다. 왕혁신 팀원은 노골적으로 자신의 의견에 대해 반대 이유를 피력한다.

최분석 팀원은 노골적이지는 않지만, 자신이 말하는 것을 무시하는 눈치다. 차라리 두 팀원을 다른 팀으로 이동시키면 마음 편하게 일할 수 있을 것 같다.

두 팀원이 팀장의 말이 잘못되었다고 논리적으로 반박할 때면 자신의 무지함이 드러나는 것 같아 자존심이 엄청 상한다. 어느 날 오평화 팀장은 후배에게 사군자 기질검사를 소개받고 팀에 적용해 보기로 했다.

1단계. 검사를 통해 자신은 외향국화 기질이고 최분석 팀원은 내향대나무, 왕혁신 팀원은 외향대나무 기질이라는 것을 알게 되었다.
2단계. 관계를 파괴하는 자신의 역기능적 행동을 찾아보았다.
3단계. 갈등 해결을 위해 해야 할 것이 무엇인지 찾아보았다. 해야 할 것을 하지 않고 있는 것이 무엇인지 알기 위해 대나무 기질이 무엇을 좋아하는지 생각해 보았다.

오평화 팀장은 자신의 기질인 외향국화 기질을 과하게 사용하여 발생하는 역기능적 행동이 무엇인지 생각해 보았다. 타인을 과도하게 배려하여 자신이 하고 싶은 것을 하지 못하거나 꼭 해야 하는 중요한 일을 놓치는 경우가 있었다. 인간관계를 과도하게 추구하여 객관적으로 일 처리하지 못해 원성을 산 일이 있었고, 거절해야 하는 상황에서 거절하지 못하고 애매모호하게 대응하여 손해 보는 일이 생각났다. 자신이 하지 말아야 할 것 중에 가장 시급한 것은 감정적으로 대하고 우유부단하게 행동하는 것이었다. 그래서 오평화 팀장은 자신의 우유부단한 모습을 고치기 위해 객관적으로 행동하는 것이 필요했다.

그는 사군자 기질검사를 한 후 자신에 대해, 타인에 대해, 환경에 대해 객관적으로 보려고 노력했다. 개인 사정보다 모든 팀원에게 공정하게 대하는 것을 우선적인 의사결정의 기준으로 삼으려고 노력했다.

대나무 기질인 최분석 팀원과 왕혁신 팀원은 공정하고 객관적인 것을 좋아했다. 비인간적으로 느껴져 싫었지만, 다른 사람의 말을 곧이곧대로 믿지 않고 의도가 무엇인지 파악하려고 노력했다. 시간이 지날수록 한 발 뒤로 물러나서 상황 밖에서 바라보는 눈이 생기기 시작했다. 그들이 자주 하는 '왜?', '어떻게?' 라는 질문은 객관적인 눈을 가지는 데 많은 도움이 되었다.

오평화 팀장은 대나무 기질 팀원에게 핵심적인 부분만 논리적으로 설명하기 위해 할 말을 기록하고 여러 번 읽어보면서 수정했다. 미사여구를 사용하지 않고 핵심을 담백하게 전달하려고 노력했다. 그러자 대나무 기질 팀원의 눈빛이 이전과 다르게 보였다. 그들에게 좋은 아이디어가 있으면 가르쳐 달라고 도움을 요청했다. 그러자 대나무 기질의 최분석, 왕혁신 팀원은 자신들의 아이디어를 적극적으로 공유해 주어 팀 전체가 서로 도와주는 관계가 되었다.

## 내향국화 기질이 외향대나무, 외향매화 기질과 갈등을 해결하기

양온유 팀장은 경청을 잘한다. 그는 다정다감하고 겸손하며, 지배하려고 하지 않고 다른 사람들과 조화로운 관계를 추구한다. 갈등 상황을 싫어하며 논쟁을 피하고 팀원들의 상황을 이해하려고 한다. 그런데 팀장이 되고 나서 강변화 팀원과 최결과 팀원의 태도 때문에 마음에 불편함이 생겼다.

강변화 팀원은 제안하는 것이 많다. 때로는 제안하는 수준을 넘어 따지고 다그친다. 현재 진행되고 있는 일이 많은데 별로 협조하지 않으면서 미래를 위해 이것저것을 해야 한다고 침 튀기며 말한다. 강변화 팀원의 말을 듣고 있으면 팀장인 자신은 아무 생각이 없는 무능한 팀장으로 느껴진다.

최결과 팀원은 먼저 와서 빨리빨리 결정해 달라고 다그친다. 생각할 시간이 필요한데 시간을 주지 않고 체크하는 것이 팀장과 팀원의 역할이 바뀐 것 같아 자존심 상한다. 양온유 팀장은 오평화 팀장에게 사군자 기질검사를 소개받아 팀에 적용해 보기로 했다.

1단계. 검사를 통해 자신은 내향국화 기질이고, **강변화** 팀원은 외향대
    나무, **최결과** 팀원은 외향매화 기질이라는 것을 알게 되었다.
2단계. 관계를 파괴하는 자신의 역기능적 행동을 찾아보았다.
3단계. 갈등 해결을 위해 해야 할 것이 무엇인지 찾아보았다. 해답을
    얻기 위해 외향대나무 기질과 외향매화 기질이 좋아하는 것
    이 무엇인지 찾아보았다.

내향국화 기질은 인간관계를 과하게 집착하면 역기능적 행동을 하게 된다.
그는 다른 사람을 과도하게 배려하여 결정을 내리지 못하는 경우가 있었다.
거절해야 하는 상황에서 다른 사람 감정을 배려하다 거절을 하지 못하고 우유
부단하게 대응하여 나중에 문제가 심각하게 꼬이는 상황이 발생했다. 이럴 때
자신이 하지 말아야 할 것 중에 가장 시급한 것은 No라고 말하는 것이다.

그래서 그는 누군가 부탁할 때 No라고 말할 수 있는 용기가 필요했다. No
라고 말할 수 있는 용기를 갖기 위해 팀 전체의 목표를 위해 자신이 나쁜 사람
으로 평가받을 희생을 결심했다. 그리고 명확한 자기표현이 있어야 했다. 그렇
게 하려면 먼저 목소리를 더 크게 낼 필요가 있었다.

그는 팀원들 앞에서 의도적으로 힘 있고 크게 말하려고 노력했다.

그리고 팀의 목표를 하나의 큰 그림으로 도식화하여 전체 흐름을 보고 진
행할 할 필요가 있었다. 눈에 보이는 직원들의 사소한 일을 도와주는 시간을
줄이고 전체 목표를 이루기 위해 무엇을 지시해야 할지 찾기 시작했다.

**강변화** 팀원과 **최결과** 팀원은 이들은 공정한 것, 분명한 의사결정, 신속한
일 처리, 목표를 이루는 것, 앞에 나서는 것을 좋아했다.

사실, **강변화** 팀원과 **최결과** 팀원은 앞에 세우면 자신보다 더 힘 있게 팀을

이끌 수 있는 역량을 가지고 있었다. 그래서 **양온유** 팀장은 어떻게 하면 외향대나무 팀원과 외향매화 팀원의 장점을 살려주는 팀을 만들 수 있을까 고민했다. 팀 전체의 업무를 한눈에 볼 수 있는 그림이 필요했다. 그리고 팀원들이 우선으로 해야 할 일과 기한이 중요한 것 중심으로 핵심적으로 전달했다. 그러자 **최결과** 팀원이 먼저 찾아와서 체크하는 일은 없어졌다. **강변화** 팀원은 여전히 미래의 방향에 대해 제안은 하지만 이전같이 불편하기보다 좋은 정보를 제공해 주는 도우미로 느껴졌다.

# 대나무 기질이 갈등을 해결하는 법

다음은 우리 주위에서 많이 겪는 갈등이다. 이 예시를 통해 외향국화 기질이 내향대나무, 외향대나무 기질과의 갈등을 어떻게 풀어가는지 알아보자.

### 외향대나무 기질이 내향난초, 내향국화 기질과 갈등을 해결하기

정도전 팀장은 강하고 효율적인 팀을 만들기 위해 변화와 혁신을 주도한다. 이익이 되지 않는 것은 과감하게 개혁하고 분명한 목표와 비전을 제시하며, 의사표현이 분명하고 명확하다. 그런데 팀장이 되고 나서 팀원 중에 자신이 추진하는 프로젝트에 보조를 맞추지 못하는 김관망 팀원, 이배려 팀원이 마음에 들지 않는다. 심지어 김관망 팀원은 팀 프로젝트에 관심이 없고, 팀에서 소속감이 느껴지지 않았다.

게다가 성격마저 느긋해서 팀장이 폭발할 지경이다.

이배려 팀원은 열심히 맞추려고 노력은 하는 것 같은데, 일 추진이 제대로 되지 않는다. 그래서 몇 달을 고민하던 정도전 팀장은 옆 팀 한여유 팀장에게 사군자 기질검사를 소개받고 팀에 적용해 보기로 했다.

1단계. 검사를 통해 자신은 외향대나무 기질이고 **김관망** 팀원은 내향난초 기질, **이배려** 팀원은 내향국화 기질이라는 것을 알게 되었다. 세 사람과의 관계를 개선하기 위해 다음의 두 가지 질문으로 접근해 보기로했다.

2단계. 관계를 파괴하는 자신의 역기능적 행동을 찾아보았다.

3단계. 갈등 해결을 위해 해야 할 것이 무엇인지 찾아보았다.

정도전 팀장은 자신의 기질인 외향대나무 기질을 과하게 사용하여 발생하는 역기능적 행동이 무엇인지 생각해 보았다. 그러다 보니 비전을 과하게 추구하는 것이 문제라는 결론을 내렸다.

그는 평소에 이루고 싶은 것이 너무 많아 이것저것 일을 벌이는데 팀원들이 따라오지 못하고 있었다. 빠른 추진력 때문에 내향 성향을 가진 팀원들이 정신을 못 차리고 있었다.

팀원들은 생각하고 정리할 시간이 필요했고, **정도전** 팀장은 자기의 높은 평가 기준으로 인해 팀원에게 칭찬에 인색했다. 그래서 팀원들은 내향난초, 내향국화 기질의 사기가 저하되어 일에 대한 자신감을 가지지 못하고 있었다.

정도전 팀장은 자신이 하지 말아야 할 것 중에 가장 시급한 것은 새로운 일을 시작하는 것을 중단하는 것이었다. 그래서 현재 진행되고 있는 일을 마무리한 다음에 새로운 프로젝트를 진행하기로 했다.

그리고 내향 팀원들에게는 일을 마무리하는데 팀장이 생각하는 시간보다 두 배의 시간이 필요하다는 것은 받아들이기로 했다.

처음에는 답답했지만, 의도적으로 일을 시작하기 전에 충분히 고려해야 할 구체적인 정보들이 무엇인지 검토하기 시작했다. 그 후 자기 아이디어가 현실에서 어떤 결과를 가져오는지 검토해 보았다. 그리고 자신이 놓치고 있는 위험성이 뭐가 있는지 살펴보기로 했다. 또, 팀을 위해 해야 할 것을 하지 않고 있는 것이 무엇인지 알기 위해 내향난초 기질과 내향국화 기질이 무엇을 좋아하는지 생각해 보았다.

내향난초 기질인 **김관망** 팀원은 여유롭고, 자유로운 분위기에서 일하기 좋아했다. **이배려** 팀원은 가족 관계 같은 따뜻한 분위기에서 일하기 좋아했다. 외향대나무 기질인 **정도전** 팀장은 팀원들에게 따뜻하게 대하려고 노력했다. 그래서 업무에 대해 대화를 하기 전에 팀원들의 사적인 일상사를 주제로 이야기를 나누었다.

그는 조금씩 변하고 있다. 때로는 팀원에게 간간히 칭찬과 격려를 하고, 천성적으로 큰 목소리를 낮추고 최대한 낮추어 부드러운 목소리로 대화하려고 노력한다. 이렇게 자기가 변함으로써 팀원들에게 마감에 대한 압박감을 줄여줄 필요가 있었다. 그래서 먼저 마감해야 할 것들의 순위를 정하고 일정을 공유하여 한 가지 일에 집중할 수 있도록 해주었다. 그러자 외향대나무 팀장이 생각하지 못했던 그들의 장점이 드러나기 시작했다. 그들은 능력이 없었던 것이 아니라 강압적인 분위기에서 능력을 충분히 발휘하지 못했던 것이었다.

## 내향대나무 기질이 외향국화, 외향난초 기질과 갈등을 해결하기

**차이론** 팀장은 새로운 이론과 개념을 구축하는 팀장이다. 그래서 불필요한 것들을 과감하게 재정비하여 효율적인 시스템을 만든다. 그러다 보니 스스로 알아서 문제를 해결하며 모든 팀원이 경쟁력과 실력을 갖추기를 기대한다.

그런데 팀장이 되고 나서 **오지랖** 팀원과 **마대충** 팀원이 일하는 방식이 영 마음에 들지 않았다. **오지랖** 팀원은 말이 너무 많고 여기저기 돌아다니면서 자기 일도 아닌데 관여한다. 알고 보니 그는 팀원들 사이에 여기저기 말을 옮기는 갈등의 근원지였다. 또, **마대충** 팀원은 일을 체계적으로 하지 않는다. 물어보면 잘 되고 있다고 하는데 지금까지 진행된 것을 가져오라고 하면 가져올 것이 없다고 한다. 하지만 그가 점검해 보면 일이 전혀 진행되고 있는 것 같지 않다. 마감일이 다가오는데 결과물이 없어도 걱정이 없고 태평스럽다. 저런 근거 없는 자신감은 도대체 어디에서 오는 것인지 궁금하다. 그래서 **차이론** 팀장은 사군자 기질검사를 소개받고 팀에 적용해 보기로 했다.

---

1단계. 검사를 통해 자신은 먼저 자신은 내향대나무 기질이고 **오지랖** 팀원은 외향국화 기질, **마대충** 팀원은 외향난초 기질이라는 것을 알게 되었다.

2단계. 관계를 파괴하는 자신의 역기능적 행동을 찾아보았다.

3단계. 갈등 해결을 위해 해야 할 것이 무엇인지 찾아보았다. 해답을 찾기 위해 외향난초 기질과 외향국화 기질이 무엇을 좋아하는지 찾아보았다.

---

내향대나무 기질은 지식과 이론을 과하게 사용하면 역기능적 행동을 한다. 논리성과 객관성이 확보된 것만 받아들이려는 경향 때문에 외향국화 **오지랖** 팀원의 정서를 공감하지 못하고 있었다.

그는 때때로 냉정하게 대하고 팀원들의 의견을 무시하여 팀원들이 가까이 오지 않으려고 했다. 또, 칭찬은 없고 지적만 했다. 심지어 이론적 근거와 체계성을 강조하여 실제로 현실에서 어떻게 성과를 드러내는지에 대한 부분은 간과했다.

외향난초 기질인 **마대충** 팀원은 이론은 미비하지만, 순식간에 결과물을 만들어 내는 재주가 있었다. 자신이 하지 말아야 할 것 중에 가장 시급한 것은 팀원들을 수준 낮다고 무시하는 것이었다. 그래서 차이론 팀장은 팀원들이 잘 하는 것을 솔직하게 인정하겠다고 다짐했다.

이번 사군자 검사를 통해 알게 된 것은, 외향난초 기질은 재미있는 것을 좋아하고 먹는 것을 좋아한다는 점이었다. 그러나 외향난초 마대충 팀원에게 한 번도 재미있게 대하지 않았다는 것을 알게 되었다.

그래서 의도적으로 재미있는 이야기를 하고 활기찬 분위기에서 일할 수 있도록 방법을 모색하고, 외부에 출장 나갈 일이 있으면 의도적으로 마대충 팀원에게 업무분담을 해주었다.

차이론 팀장은 회식을 좋아하지 않았다. 회식에 참여해도 1차에서 마무리하고 했는데, 마대충 팀원을 위해 2차 노래방에서 광란의 춤을 추는 퍼포먼스를 감행했다. 그 후 그들의 무거웠던 관계가 가벼운 관계로 바뀌었다.

외향국화 기질은 칭찬을 좋아하고 일상적인 대화를 좋아했다. 차이론 팀장은 그동안 자신에게 상처받은 오지랖 팀원과의 관계 개선을 위해 몸이 오글거리는 것을 감내하고 하루의 한 가지 칭찬을 의도적으로 했다. 전에는 하지 않던 영양가 없는 잡다한 대화 시간을 감내했다. 처음에는 많이 머쓱하고 익숙지 않은 것이지만, 자신도 따뜻한 사람이라는 것을 보여주고자 노력했다. 차이론 팀장은 외향국화 오지랖 팀원을 대할 때 미사여구를 더 많이 활용해서 대화하려고 노력했다. 그리고 감성도 이성만큼이나 사람을 움직이게 하는 강력한 동기라는 것을 오지랖 팀원을 통해 배우게 되었다.

# 5부

# 왜 사군자
# 기질검사인가?

사군자 기질검사는 인간의 긍정적인 특성에 초점을 맞추고 있다. 그래서 모든 기질을 군자로 명명한다. 사군자 기질검사는 어렵고 난해한 기질적 개념을 우리가 익히 알고 있고, 흔히 볼 수 있으며, 자연과 연결시켜 쉽게 이해할 수 있다. 나를 이해하고 너를 이해하고 우리를 이해하는 것이 확대된다면, 좀 더 좋은 나라, 좀 더 나은 세상이 될 것을 기대한다.

# 쉽게 이해하고 활용할 수 있는 검사

필자는 19년 동안 약 2,500회의 MBTI 강의를 했다. 하지만, 강의할 때마다 아쉬운 것이 있었다. 강의에 참여한 사람들이 MBTI의 16가지 유형을 구분하기 어려워한다는 것이다. 또, 이 검사에는 16가지 유형이 많을 뿐만 아니라 각 유형은 네 개의 코드로 조합되어 있어 복잡해 했다. 성격 유형을 공부하는 것은 유형에 따른 성격 차이를 이해하고 갈등의 원인을 파악해서 현실에 적용하기 위함이다. 그런데 유형의 구분이 어렵고, 복잡하다 보니 대부분 해결책을 찾아 적용하기 어려워했다. 사람이 성격이 서로 다르다는 것을 인지하는 선에서 멈추어 버리는 경향이 있었다.

실제로 MBTI에 대해 전문적으로 공부하거나 학식이 있는 사람들은 어느 정도 이해하지만, 일반인들은 자기 유형도 기억하지 못하는 사람들이 많았다. 자신의 유형을 기억하지 못한다는 것은 다른 사람의 유형을 구분하지 못한다는 의미이다. 자신과 타인이 무엇이 다르고 무엇이 갈등의 원인이 되는지 분석하지 못하고 해결책을 찾지 못한다는 것이다.

데이비드 커시David West Keirsey는 상담자이자 임상심리학자이다. 그는 저서 『Please understand me: California : Prometheus Nemesis book company(1984)』에서 네 가지 기질 이론을 소개했다.

커시는 사람을 네 가지 기질로 구분하는 것이 융의 심리유형 이론보다 더 쉽고 용이하다고 보았다. 융의 심리유형론은 눈으로 관찰하기 어렵지만, 기질은 그 사람의 행동에 지문을 남기는 것과 같아서 눈으로 쉽게 관찰할 수 있기 때문이었다.

그는 히포크라테스 이후 많은 학자가 사람을 네 가지 유형으로 구분하는 것에 관심을 가졌다. 그래서 그는 오랜 관찰을 통해 사람의 기질을 보호자 기질, 예술가 기질, 이상가 기질, 합리론자 기질로 구분하는 기질 이론을 만들었다. 사군자 기질 분류는 커시의 기질 이론을 기초로 해서 만들었다.

# 믿을 수 있는 검사인가?

사군자 기질검사의 개발은 '경험자료 수집 및 예비문항 선정 단계', '1차 예비검사 단계', '2차 예비검사 단계', '본 검사 및 타당도 검증 단계' 네 가지 단계를 거쳐 이루어졌다.

먼저, 경험자료 수집 단계에서는 2008년 11월부터 2012년 6월까지 전국 성인 230회 약 7,414명을 대상으로 실시한 기질 관련 교육활동에서 도출한 경험적 자료를 활용하였다. 외향-내향 관련 예비문항은 같은 기간 350여 회 전국 성인 약 10,500여 명 대상으로 실시한 MBTI 교육활동 중 외향-내향 그룹 토의에서 추출한 경험적 자료를 활용하였다. 교육현장에서 나온 기질별 토론결과 및 문헌연구에서 나온 기질 특성들을 토대로 기질 척도 50개 문항과 외향-내향 척도 25개 예비문항을 개발하였다.

1차 예비검사는 성인남녀 227명을 대상으로 검사를 실시하였고, 그 자료를 토대로 요인분석을 실시하여 네 가지 기질 요인을 도출하였다.

2차 예비검사는 4명의 전문가에게 내용타당도 검증을 거쳐 기질 척도 20개 문항과 외향-내향 척도 20개 문항으로 구성된 검사를 제작하여 성인남녀 1,066명을 대상으로 조사하였다. 문항들의 평정자료를 토대로 탐색적 요인분석을 통해 기질 척도 16개 문항과 외향-내향 척도 16개 문항을 선별하였다.

최종적으로 개발된 사군자 기질검사는 성인남녀 575명을 대상으로 확인적 요인분석을 통해 네 가지 기질 모형이 타당한 모형임을 입증하였다. 또한, 타당도 검증을 위해 성인남녀 300명을 대상으로 MBTI 성격유형 검사와의 상관관계를, 275명을 대상으로 TCI 기질 및 성격특성 검사와의 상관관계를 살펴보았다.

사군자 기질검사 네 가지 구인은 교육현장에서 도출된 경험적 자료와 커시의 네 가지 기질 이론의 문헌에서 도출된 개념을 통합하여 문항을 제작하였고, 심리측정 제작의 원리를 따라 척도를 개발하였다. 또한, 커시의 네 가지 기질 분류를 한국인의 정서가 녹아있는 사군자 분류로 개념화하여 누구나 쉽게 커시의 기질 이론을 이해하고 활용할 수 있도록 체계화하였다. 그래서 네 가지 기질에 외향-내향을 더하여 8가지 기질로 세분화하여 각 기질의 차이와 역동을 더 면밀하게 볼 수 있도록 하였다. 뿐만 아니라 기질 요인 간 상관 분석을 통해 커시가 언급한 반대 기질의 관계를 통계적으로 확인함으로써 갈등이 많은 기질 관계의 패턴을 예측할 수 있도록 하였다.

사군자 기질검사는 문항을 개발하는 과정에서 문장 검사가 아닌 단어 검사로 개발했다. 단어를 사용하는 것이 기질의 경향성을 더 정확하게 측정할 수 있을 것으로 기대하였기 때문이다. 단어를 사용하는 것이 문장을 사용하는 것보다 주의가 덜 분산되며 다양한 해석이나 의식적·무의식적 검열의 영향을 덜 받는 것으로 보고되었다. (Myers 외, 『MBTI 개발과 활용』 심혜숙 외, 한국심리검사연구소, 1995, p204)

피검자들이 문장으로 된 문항을 응답할 때 자주 그 문항이 묘사하는 마지막 상황의 경험을 기억하여 그 기억에 한정된 답을 하는 경향이 있지만, 맥락을 제거하고 단어를 제시하면 개인의 일반적인 경향성을 더 잘 볼 수 있다고 하였다. (김정택, 심혜숙, 『MBTI 질문과 응답』, 한국심리검사연구소, 1995)

기질은 상황적인 상태의 응답보다 한 개인의 타고난 경향성을 보는 것이므로 문장보다 상황의 영향을 덜 받는 단어가 더 적합한 것으로 판단했다. 또한,

단어를 사용하면 짧은 시간에 더 많은 문항을 검사할 수 있다는 장점이 있다.

사군자 기질검사를 하는데 소요되는 평균 시간은 약 5분이다. 검사 시간은 짧고 간편하게, 해석은 알기 쉽고 풍요롭게 하는 것이 이 검사가 추구하는 방향이다.

원래 사군자 기질검사는 누군가의 연구에 의해 체계화된 방식은 아니다. 중국의 춘추전국시대에 있었던 네 명의 군자에서 시작된 이름이다.

시기적으로 사군자는 커시가 기질 이론을 만들기 훨씬 이전에 존재했다. 놀라운 것은 다른 시대, 다른 문화적 배경을 가지고 있음에도 커시의 네 가지 기질 이론과 사군자는 아주 유사한 공통점을 가지고 있다. 기질은 시대와 관계없이 보편적이고 일관성 있게 나타난다고 했던 커시의 말을 증명이라도 하는 것 같다. 포노넨과 애슈턴 역시 기질은 매우 강한 생물학적 기반을 가지고 있어 특정 문화나 환경과는 상관없이 나타나는 독립적이고 보편적인 심리적 특성이라고 했다. (Paunonen, S. V. & Ashton, M. C., 「The structured assessment of personality across cultures」, Journal of Cross-Cultural Psychology. 29(1), 1998, p150-170)

커시의 기질 분류와 사군자를 비교해 보면 기질이 문화나 시대에 상관없이 인간에게 나타나는 보편적인 특성임을 알 수 있다. 커시의 네 가지 기질 이론을 외울 수 있지만, 사군자의 옷을 입히면 외울 필요가 없이 눈에 보이는 것으로 해석할 수 있다.

사실 사람의 기질을 이해하는 것은 어렵다. 어려운 기질 이론을 한국 사람들이 잘 알고 있는 사군자 이미지로 쉽게 이해되도록 한 것이 사군자 기질이다. 이것은 마치 한자를 배우는 사람에게 한글을 배우게 하는 것과 같아서 사람의 기질을 이해하는 데에 필요한 많은 시간과 노력을 줄여 준다.

# 한국인의 기질분포

**성인분포도 표 (총 17,906명)**

| 기질 | 내향매화 | 외향매화 | 내향난초 | 외향난초 | 내향국화 | 외향국화 | 내향대나무 | 외향대나무 | 합계 |
|---|---|---|---|---|---|---|---|---|---|
| 인원 | 4,486 | 2,046 | 1,188 | 1,982 | 3,140 | 2,883 | 1,047 | 1,134 | 17,906 |
| 백분율 | 25.1% | 11.4% | 6.6% | 11.1% | 17.5% | 16.1% | 5.8% | 6.3% | 100.0% |

필자는 일반 성인 17,906명의 결과를 분석해 보았다. 가장 많은 분포를 가진 기질은 내향매화 25.1%, 내향국화 17.5%, 외향국화 16.1% 순이었는데, 내향매화 기질이 다른 기질에 비해 비중이 높았다.

가장 적게 나온 기질은 내향대나무 5.8%, 외향대나무 6.3%, 내향난초 6.6% 순이었다. 우리나라 성인 중 내향매화 기질의 분포가 가장 높다는 것은 보수적이고 안정 지향적인 성향이 많이 분포한다는 것을 보여준다.

국화 기질이 그 뒤로 높은 분포를 보여 주고 있는데, 이는 다른 사람을 배려하고 정을 추구하는 사람들의 분포가 많다는 것이다. 이는 실제적인 결과물을 안정적으로 추구하면서 다른 사람을 배려하는 것을 중시하는 사람들이 많다는 것을 알려준다.

반면, 대나무 기질의 분포가 적은 것은 변화와 개혁을 추구하는 사람들의 분포가 상대적으로 적다는 것이다. 이는 급진적인 사회변화를 추구하는 것은 소수의 목소리가 된다는 것을 보여주고, 내향난초 기질이 가장 적은 분포를 나타내는데 이는 우리나라 사람들 가운데 여유롭고 한가로운 생활을 추구하는 사람들이 적다는 것을 보여준다.

성인 17,906명 중에 외향은 8,045명으로 44.9%%의 분포를 보였고, 내향은 9,861명으로 55.1%의 분포를 보였다. 내향이 외향보다 10% 정도 많이 분포하는 것으로 성인들은 내향적인 특성을 가진 사람들이 조금 더 많은 것으로 나타났다.

**청소년 분포도 표 (총 4,772명)**

| 기질 | 내향<br>매화 | 외향<br>매화 | 내향<br>난초 | 외향<br>난초 | 내향<br>국화 | 외향<br>국화 | 내향<br>대나무 | 외향<br>대나무 | 합계 |
|------|------|------|------|------|------|------|------|------|------|
| 인원 | 390 | 390 | 563 | 1,306 | 605 | 786 | 254 | 276 | 4,772 |
| 백분율 | 12.4% | 8.2% | 11.8% | 27.4% | 12.7% | 16.5% | 5.3% | 5.8% | 100.0% |

중·고등학생 4,772명을 대상으로 한 사군자 기질검사 결과를 분석한 결과 가장 많은 분포를 보인 기질은 외향난초 27.4%, 외향국화 16.5% 순이었다. 대나무 기질은 성인과 마찬가지로 내향대나무 5.3%, 외향대나무 5.8%로 낮은 분포를 보였다. 성인들에게 높은 분포를 보인 내향매화 기질은 12.4%로 낮은 분포를 보여 대조를 보였다.

중·고등학생들은 활동적이고 자유로움을 추구하는 기질이 많이 분포하고 있다. 그래서 학생들이 즐겁고 행복하게 학교 생활할 수 있는 환경을 만드는 것이 시급한 것으로 보인다. 현재의 입시 위주의 교육 환경은 외향난초들이 아주 싫어하는 환경이다.

외향난초 기질은 재미와 활동을 추구하기 때문에 이론보다 실습과 경험을 통해 배우고 학습하기 좋아한다.

　중·고등학생 4,772명 중에 외향 2,758명으로 약 57.8%, 내향 2,014명 약 42.2%의 분포를 보였다. 성인들은 내향이 10% 정도 많은 반면, 청소년들은 외향이 15% 정도 많았다. 자기 생각을 말로 표현하기 좋아하고 활동적인 성향을 가진 학생들이 더 많다는 것을 보여준다.

# 쉬운 길을 두고 돌아가지 말라

기질은 사람마다 타고난 선물이다. 우리는 이 책에서 누구나 자신 만의 자원이 있다는 것을 보았다.

매화 기질은 자신의 책무를 다하여 조직과 가정을 단단하게 세우 는 것을 잘하고, 난초 기질은 특유의 유머 감각으로 어느 곳에 가든 지 분위기를 재미있게 하고 활기를 더한다. 국화 기질은 친절함과 따뜻함으로 배려하는 데 능숙하고, 대나무 기질은 명찰한 분석력으로 미래를 개척하는 데 능숙하다. 자신에게 주어진 기질은 다른 기질의 사람이 가지지 못한 하늘이 준 선물이다. 그러므로 우리는 자신의 기질을 소중하게 생각해야 하고 감사할 수 있어야 한다.

갈등은 상호작용의 결과물로, 우리는 나와 가장 갈등 관계에 있는 반대 기질이 누구인지 배웠다.

매화 기질과 난초 기질, 국화 기질과 대나무 기질은 반대 기질이었다. 우리는 반대 기질을 말할 때 가장 나를 힘들게 하는 기질이라고 한다. 사실 이 말은 절반만 맞다. 왜냐하면, 반대 기질 때문에 내가 힘들지만 나 역시 반대 기질을 힘들게 만들기 때문이다. 갈등을 해결하기 위해서는 서로의 기질 차이 때문에 일어나는 관계의 역동을 이해해야 한다. 상대방의 기질을 인정해야 할 부분은 인정해야 하고, 내가 조정해야 할 부분은 조정해야 한다.

우리는 이 책에서 갈등을 줄이는 방법을 찾아보았다.

---

첫째, 관계를 개선하기 위해 이전에 하지 않았지만,
　　　상대방 기질이 좋아하는 방법으로 해야 할 것을 찾는 것이다.
둘째, 기존에 하던 것이지만,
　　　상대방 기질이 싫어하는 방식은 하지 않는 것이다.

---

갈등은 서로의 차이를 이해하는 것만으로 개선되지는 않는다. 상대방을 이해했으면 명확하게 해야 할 것과 하지 말아야 할 것을 구분해서 실행할 때 변화가 일어난다. 실행이 없는 이해는 머리만 비대해지고 교만해질 뿐이다.

## 나를 가장 힘들게 하는 사람은 반대 기질이 아닌 자기 자신이 될 수 있다

어떤 사람은 스스로를 괴롭히는 사람이 있다. 외부 환경의 문제가 아니라 내면의 문제 때문에 상황을 어렵게 인지한다. 이것은 성숙의 문제이다. 성숙하지 못한 역기능적 행동은 기질의 균형을 상실했을 때 발생한다. 그래서 기질이 균형을 이루는 방법을 안내했다. 사계절은 고정되어 있지 않고 흘러가듯이 움직인다. 매년 봄은 여름으로, 여름은 가을로 넘어간다. 각 기질은 다음 계절의 핵심 역량을 본받는 것이 자신의 기질을 역기능적으로 사용하지 않고 균형을 이룰 수 있는 방법이다. 이것은 저절로 되는 것이 아니라, 노력과 훈련에 의해 되는 것이다.

매화 기질이 난초 기질의 재미있게 사는 것을 배우는 것은 부단한 노력과 훈련이 필요하다. 그 결과, 매화 기질은 책임감이 투철할 뿐만 아니라 다른 사람에게 책임감을 강요하지 않고 재미있게 일하도록 안내하는 리더십을 발휘할 수 있게 된다. 매화가 난초 기질의 재미있게 사는 법을 배우지 않으면 과도한 책임감에 빠져 주변 사람들에게 엄청난 잔소리를 하게 되어 갈등을 조장하게 된다. 결국, 자신을 가장 힘들게 하는 것이 외부 요인이 아니라 균형을 이루지 못한 자신의 미성숙한 역량이 원인이 될 수 있다. 기질은 너와 내가 '틀린 것'이 아니라 '다른 것'이다.

## 매화, 난초, 국화, 대나무 모두 사군자이다

사군자는 어느 것이 어느 것보다 더 우월한 개념이 아니라, 각자의 고유함을 인정하는 것에서 출발한다. 우리나라는 다름을 인정하는 문화가 약하다. 사군자 기질은 다름을 인정하여 서로를 존중하는 문화를 만들기 위해 노력하고 있다. 다름은 서로에게 어색함과 불편함을 주는 것이 사실이다. 불편함을 느껴도 원인을 모르면 해결 방법을 찾지 못한다. 차이를 모르면 원인을 상대방의 인격 문제로 치부하게 된다. 하지만, 이럴 때 인격의 문제가 아니라 다름의 문제로 접근해야 한다. 인격의 문제로 생각하면 상대방을 무시하게 되고 서로 상종하지 않게 된다. 그렇게 되면 그 사람을 놓치게 된다.

사실, 그 선만 넘으면 그 기질의 사람이 가장 나를 많이 도와줄 수 있는 사람이라는 것을 알게 된다. 그 사람은 내가 하지 못하는 것을 너무도 쉽게 할 수 있는 사람이기 때문이다. 나 역시 그 사람에게 도와줄 것이 많은 존재라는 것을 알게 된다.

자존감이 낮은 사람들은 자신이 가진 것을 보지 않고 다른 사람이 가진 것을 부러워한다. 자신의 기질을 성숙시키는 것에 투자하지 않고 내가 가지지 못한 다른 기질을 계발하는데 엄청난 에너지를 투자하는 사람이 있다. 이것은 어리석은 방법이다.

자신이 가진 기질의 역량은 적은 노력으로 많은 성과물을 낼 수 있지만, 자신이 가지지 못한 다른 기질을 계발하는 것은 많은 에너지를 투자해도 성과물이 미미할 수밖에 없다. 그래서 자신이 잘하는 일을 할 때 경쟁력을 가지는 것이다. 자신의 기질을 극대화 시키고 다른 기질이 잘하는 것은 다른 기질에게 도움을 받는 것이 훨씬 효과적인 방법이다. 그래서 1+1=2가 아니라 더 많은 결과물을 만들어 낼 수 있다.

우리는 어떤 기질 조합이 어떤 상황에서 어떤 결과물을 내는지 유의하여 관찰할 필요가 있다. 좋은 조합과 좋은 결과를 얻으려면 다른 기질과 상생하는 법을 배워야 한다. 다른 기질과 잘 상생하는 방법을 아는 구성원이 많은 조직은 경쟁력 있는 조직이다.

## 쉬운 길을 두고 어려운 길을 가지 말라

사람의 기질을 구분하고 인간관계에 적용하는 것은 난해한 영역이다. 그래서 많은 성격·기질검사들을 활용한다. 문제는 대부분의 심리검사들이 한자를 배우는 것처럼 어렵고 복잡한 것이 사실이다. 그래서 사군자 기질검사는 '어떻게 하면 기질을 쉽게 이해하고 적용할 수 있을까'를 고민해서 창안한 것이다. 이제 기질을 이해하는 데 쉬운 길이 생긴 것이다. 그러니 쉬운 길을 두고 어려운 길을 고집하지 않기를 바란다.

이 책은 사람의 기질을 이해하는 데 한글을 배우는 것처럼 쉽게 안내하기 위해 노력했다. 인간관계의 갈등을 어떻게 해결해야 할지 어려워하던 독자들에게 한 줄기의 빛이 되길 소망한다.

기질은 너와 내가
'틀린 것'이 아니라
'다른 것'이다.

# 날 좀 이해해줘

2017년 11월  5일   1판 1쇄 발행
2018년 11월 15일   1판 3쇄 발행
2023년 2월 28일   2판 1쇄 발행

지은이    김종구
발행인    방선기
펴낸곳    도서출판 일터개발원
디자인    허브컴퍼니 유한회사
인쇄      예원프린팅

등록      No 980768
주소      서울특별시 마포구 성미산로19, 2층
이메일    hubcompany@naver.com
대표전화 02-417-0435  팩스 02-417-0475
http://books.lifehub.kr

ISBN    979-11-980768-1-6 (03190)